子どもが英語を好きになる

魔法の10の法則

ケイト・エルウッド
フランシス・ダニパサード
彦坂メアリー
編著

南雲堂

前書き

　家族と2つの言語でコミュニケーションが取れると、本当に楽しいことばかりです。著者の私たち3人は親子です。ケイトはアメリカ生まれのママで、フランシスは長女、メアリーは次女です。お父さんは日本人で、フランシスとメアリーは日本で育ち、中学校まで日本の学校に通っていました。

　母親または父親が英語のネイティブスピーカーであれば、当然その子どもも自然と英語が話せるようになると思うかもしれませんが、実はそういう家庭の子どもでも英語があまり話せないケースは少なくありません。例えば、子どもが英会話の楽しさを実感することができず負担になってしまった末に、英語を学ぶことを諦めてしまうケースです。反対に両親が英語のネイティブスピーカーでなくても、子どもが英語好きになって、どんどん前向きに話して上達していく子もいます。

　私たちは、フランシスとメアリーが小さいときからの体験を振り返り、どうしたら子どもが英語を楽しめるか考え、「魔法の10の法則」を作りました。この法則に従えば、きっと日本人の子どもでも英語が好きになるはずです。お母さん、お父さんにとっても有意義なファミリー・エクスペリエンスになるに違いありません。

　この本は10章からなります。まずはその章の法則を紹介し、母の視点から苦労話を交えながら学んだことをエッセイにまとめました。エッセイの最後の "Lesson Learned"（身についた知識）ではその章で学んだことを述べています。「娘の一言」では、子どもの立場から経験したことを共有しています。

その後の "What's the word?" には、その章の法則を実施するに当たって役立つ言葉が登場します。また、"Ideas for action" のコーナーでは実際に英語を日常生活に盛り込むためのヒントとなるアクションを提案しています。毎章の最後には "Checklist" もついていますので、読者はお子さんの英語の成長過程を測ることが出来ます。また、本の中間にある付録では、子どもの世界を描くための語句をたくさん紹介しています。巻末には、イソップ物語と日本の昔話を各6話織り込みました。これらは簡単な英語で書かれているので、ご家庭でお子さんと一緒に英語での読書や読み聞かせをしながら、楽しい時間を過ごすことができます。

「英語は道具」という概念をよく耳にします。これも一理あると思いますが、ちょっと物足りない見方でしょう。英語は道具でありながら、人生をより充実させるひとつの方法でもあると思います。英語の世界を家族全員で体験し、わくわくする冒険に一緒に出かけてみましょう！

And now, let the magic begin!

ケイト・エルウッド
フランシス・ダニパサード
彦坂 メアリー

Contents

前書き 3

Rule #1　Well begun is half done 8
　　　　　始まりがよければ半分できたのと同じ！

Rule #2　Consider the measure 16
　　　　　比較しないこと！

Rule #3　Different worlds, different languages 24
　　　　　場面が変われば、言語も変わる！

Rule #4　Get really real 32
　　　　　子どもに「子どもらしくない」機会も設けよう！

Rule #5　Old wine in new bottles 40
　　　　　日本語を英語に変身！

付録 49

Rule #6　Register that register! 102
　　　　　英語にも TPO!

Rule #7　Your way, my way 110
　　　　　子どもの興味に従おう！

Rule #8　In the ballpark 118
　　　　　ほぼ正確で OK!

Rule #9　Take it to the limit. Then stop. 126
　　　　　英訳には限界がある！

Rule #10　Kitchen table and study desk are words apart. ... 134
　　　　　台所のテーブルと勉強机は全くの別物！

昔話・イソップ物語 143

子どもが英語を好きになる

魔法の 10 の法則

Rule #1 ~ Rule #5

Rule #1: Well begun is half done
始まりがよければ半分できたのと同じ！

夢を見てもいい

　「バイリンガル」……なんて素敵な言葉！多くの親は自分の子どもが人生で成功してほしいと思います。今のグローバル社会では英語能力がひとつの鍵と言えますね。そして、とにかくバイリンガルはカッコイイ！周りに外国語をペラペラ話す誰かがいれば、自然に「いいな！」と思うでしょう。私もそう思います。

　長女のフランシスが赤ちゃんのとき、「赤ちゃんの名前は何ですか？」や「何ヶ月ですか？」など、よくある質問を受けました。さらに夫が日本人で東京に住んでいるアメリカ人の私は、「バイリンガルに育てますか？」という質問も頻繁にされました。

　この質問を受ける度に「もちろん！！」と嬉しく答えました。私自身は苦労して日本語を勉強したので、子どもが自然に英語も日本語も出来たら素晴らしいと思っていました。まだ1才にもなっていないフランシスが、グローバル舞台で活躍している姿をよく想像しました。

夢と現実のギャップに圧倒されない

　このように想像することは、大きなきっかけを与えます。しかし、赤ちゃんは赤ちゃん。親の空想は当然すぐには実現しません。私の場合、子どもをバイリンガルに育てることは簡単だと考えていました。それというのも、フランシスは分娩室からバイリンガルの環境にいたからです。「女の子です！」と同時に "It's a girl!" と 2 ヶ国語放送のような会話のやりとりがありました。

　実際には、思ったよりも戸惑いました。お父さん（"Daddy"）が仕事に出かけると、私とフランシスは 2 人きりになりました。「よし、バイリンガルの家庭にするぞ！」と決心したところで、ネイティブスピーカーの私でさえもフランシスに向かって何を話せばいいか分かりませんでした。なんだか恥ずかしかったのです。みんなにバイリンガルに育てると宣言してしまいましたし、その夢は確固たるものでしたが、現実に圧倒されてしまいました。

始めれば何とかなる

　運動でもダイエットでも、何でも第一歩を踏み出すことで全てが始まりますが、その第一歩には地図がありません。それでいいのです！子どもと2人きりのときは誰も見ていませんから、自分に合った第一歩を見つけてみましょう。

　私は、フランシスと初めて2人だけで英語を話したときのことをまだ覚えています。出産祝いでもらったスヌーピーの小さなぬいぐるみを持ってフランシスのベビーベッドに近づき、"Hello, little girl! I'm Snoopy! Oh, you're a pretty little girl!"と話しかけました。そのあと、意外に話が続きました。これが私と子どもの楽しいバイリンガルベビーライフの始まりでした！

> **Lesson Learned**
>
> **バイリンガルは冒険！**
>
> 「もう少し大きくなったらやろうかな？」というように後回しせずに少しずつ挑戦すれば、いつの間にか素敵なバイリンガルライフを歩み出しています。

娘の一言

　私は日本で生まれて日本で育ちました。それでも英語はいつも私の生活の一部でした。小さいときから日本語と英語に触れることができて本当に良かったと思います。子どもと密接な時間を過ごせるのは、妊娠中と赤ちゃんのときではないでしょうか。その大切な時間を使って、楽しい英語の歌を歌ってあげましょう！パパ、ママとして英語の喜びを分かち合いながら、イングリッシュ・ファミリータイムを楽しみましょう！自分の出来る範囲の英語で十分なので、笑顔で取り組むことが重要です。

Rule #1: Well begun is half done

What's the word?

まず子どもに英語で話しかけてみてください。子どもが赤ちゃんでなくても、周りの赤ちゃんのことについて話すこともできますね。以下の言葉を使って早速実践してみましょう！

乳母車	baby carriage
ベビーカー	stroller
おしゃぶり	pacifier
ガラガラ	rattle
オムツ	diaper
よだれかけ	bib
ベビーベッド	crib
ぬいぐるみ	stuffed animal
哺乳瓶	bottle
ウェットティッシュ	baby wipes

【例】
　Where's your/his/her pacifier?
　Here's your/his/her rattle!
　Let's put on your/his/her diaper/bib!

Ideas for action

簡単な話しかけ方のアイデア

★ 子どもの注意を周りの物に向けてみましょう。
   【例】 "Look! There's a bus!"

★ 簡単な質問をしてみましょう。
   【例】 "Are you hungry?"
   ☆ 子どもが返事をしなくても問題ないですよ！

★ 色んな物を数えてみましょう。
   【例】 "One, two, three, four, five. Oh, you have five toes!"

★ 英語の歌を歌ってみましょう！

★ ぬいぐるみや人形を使って子どもに話しかけてみましょう！

Rule #1: Well begun is half done

Checklist

該当する項目に ✔ してください！

子どもに英語で話しかけています。 ☐

「英語で話さなきゃ！」と自分にプレッシャーをかけず、英語の時間を楽しんでいます。 ☐

冒険精神で取り組んでいます！ ☐

Rule #2: Consider the measure

比較しないこと！

「ちゃんぽん」を恐れるな

　2つの言語を使いこなせることは素晴らしいですが、子どもは親が想像もつかない方法でその2つを話すことがあります。2つの言語を混ぜて話し、親は何語を話しているかさえ分からないときもあるのです！英語は英語、日本語は日本語という理屈は子どもには通用しません。特に子どもの場合、言葉は道具です。先に頭に浮かぶ言葉、または一番便利なそれを、その時々に応じて手段として使うのです。食事の際に箸とフォークを交互に使って食べることに似ています。行儀が悪いですが、食べることが目的ならば「いいの！」という子どもの考えです。

　2つの言語を分けて話そうとしない子どもに対して、心配する親は少なくありません。2つの言葉を混ぜて話すことを「ちゃんぽん」と言います。最初は驚くかもしれませんが、恐れる必要はありません。言葉の使い道が分かるにつれて、混ぜることはだんだん減っていくからです。子どもがコミュニケーションを取ろうとしていることを重視しましょう。

"picture-perfect performance" の期待を捨てる

　次女のメアリーが2才健診に行ったときのことです。事前問診のチェックリストには、「子どもは絵本の中で親が言うものを指し示すことができる」という項目がありました。私は英語でも日本語でもこのようなテストを娘に試してみたことがなかったので、「はい」にも「いいえ」にも○印を付けませんでした。すると、特別な「ことばのコーナー」に案内され、絵本を持った看護師が、メアリーに「犬はどこですか？」と明るい声で尋ねました。メアリーはニコニコしましたが何も指さしませんでした。看護師は次に「ウェア イズ ザ ドッグ？」と聞きました。あ！メアリーは指を上げて……魚を選んだのです。がーん！

　メアリーは次女ですから、少し自信がありました。フランシスもたまに言葉で戸惑うことがありましたが、きちんと日本語も英語も理解するようになっていたので、きっとメアリーもそうなるだろうという確信があったのです。英語で "picture-perfect performance"（「絵に描いたような見事な出来栄え」）という表現がありますが、幼いメアリーがこの表現に当てはまるのは難しいことでした。やはり、バイリンガルならモノリンガル（1ヶ国語だけ話す人）を前提にしたテストに期待しすぎてはいけませんね。ちょっと悔しかったのですが……。

バイリンガルは競争ではない

「ちゃんぽん」は英語で "language mixing" といいます。私はお菓子作りが好きなので "language mixing" と聞くと、英語も日本語も材料のように混ぜ、オーブンに入れ、焼きあがったらおいしいバイリンガルのパイになっているイメージが思い浮かびます。バイリンガル＝パイリンガルといったところです。でも、たまには、パイリンガルではなくてバイバイリンガル、つまり、言語にさよなら！になることを心配しました。

しかし、バイリンガルは競争ではありません。早い者勝ちよりも、言葉に取り組んで楽しんだ者が確実に勝者です。子どもと一緒にパイを作ることと同じで、材料がこぼれたり、オーブンを覗いたときに料理本に記載された時間よりも「もう少しかかりそう」となったりすることもあります。出来上がりがちょっと崩れていることもあります。でも、とてもおいしいです。

Rule #2: Consider the measure

Lesson Learned

子どもは皆違う！

「どうして隣の子がそれをきちんと言えるのに、我が子は出来ない？」と思わず、自分の子の言葉の成長を見つめましょう。

娘の一言

　私がまだ幼稚園児のとき、母と英語で話している場面を友達が見て「すごい」と言ったのを覚えています。母はいつも私に英語で話しかけました。私は日本語で返事をしたり、英語と日本語の両方を使って返事をしたりしました。それが私の日常でした。母は無理してそれを変えようとしませんでした。私に英語で話しかけることが一番大切だと知っていたからです。子どもには無理やり英語を押し付けず、日常生活の中で英語の環境を作ることが第一だと思います。

What's the word?

童話の中には特別な言葉が出てきますが、似た表現が色々な話に登場するので覚える価値はありますね。これらの単語をお子さんも使えるようになったら、童話を読むだけではなく、自分だけの物語も作ることができます！

むかし、むかし	Once upon a time, …
昔	long ago
王子様	prince
お姫様	princess
竜	dragon
お城	castle
王国	kingdom
妖精	fairy
魔法	magic
呪い	curse
継母	stepmother
極悪な	wicked
勇敢な	brave
めでたし、めでたし	happily ever after

【例】

Once upon a time, there was a princess.

The princess had a wicked stepmother.

The prince was brave and kind.

Ideas for action

日本語中心の生活で英語を取り込むためのアイデア

★ 英語で話す**時間**を作りましょう。
　【例】　お風呂あがりは English time!

★ 英語で話す**場所**を決めましょう。
　【例】　自動車の中は英語圏！

★ 英語で話す**リーダー**を交互に担当しましょう。
　【例】　月曜日はパパが English speaker!

★ 英語で行う**タスク**を決めましょう。
　【例】　歯磨きは英語で！

★ ペットを English speaker にしましょう。
　【例】　猫や犬やウサギには英語で会話！

Checklist

該当する項目に ✔ してください！

子どもが英語と日本語を混ぜても心配していません。　☐

子どもの言語発達を過剰に気にしていません。　☐

他の家族と競争的になっていません。　☐

Rule #3: Different worlds, different languages
場面が変われば、言語も変わる！

家の言葉と外の言葉は違う

　フランシスとメアリーは幼いとき、会話の話題や使用する単語は、英語でも日本語でもあまり変わりませんでした。両言語で「食事をする」「ゲームをする」「靴を履く」などについて話していたので、"balanced bilinguals"―すなわち、同じことを2つの言葉で言えました。"balanced"はいい言葉ですね。「安定」しているということでしょう。

　フランシスが小学校に上がった途端にバランスが崩れてしまい、私は不安になりました。家では以前と変わらず、食事、ゲーム、靴などについて話していました。しかし、家の外でフランシスは生徒になり、自宅で聞いたことのない言葉をシャワーのように浴びてくるようになったのです。「国語」「社会」「体育」「給食」「出席」などがひっきりなしに登場してきました。さらには、私が英語でどう言えばいいか分からなかった「下敷き」「起立」「白衣」などもありました。意味が分かっても、アメリカの子どもの生活には関係のないものばかりでした。自宅では家のことを普段通りに英語で話していましたが、学校の話になると、途端に日本語に変わってしまいました。こんなに早く私たちのバイリンガルライフが終わりになるの？とがっかりしました。バランスが少しずつ崩れていくように感じたのです。

勝つ・負けるという関係ではない

　我が家は "one parent, one language"（略：OPOL）という対策をとっていました。つまり、母親の私は子どもに英語、父親は日本語で子どもたちと会話すると決めていました。さらには、私たちは娘2人に猫には日本語、犬には英語で話しかけさせました。"one pet one language" という、もう1つのちょっと珍しいOPOLでした。

　OPOLで「バランス」を取るよう心掛けていましたが、言葉の綱引きに巻き込まれ、英語側がもうすぐ完全に引っ張られて転んでしまいそうな状態でした。そんな中、1つの出来事が大きな励ましになりました。いつも子どもたちと歯磨きをするのは私でしたが、ある晩お父さんがフランシスと歯を磨くことになりました。フランシスと私は、いつも次の順序で歯を磨いていました。歯ブラシに水をつけてから水を止め、歯磨き粉をつけ、歯を磨き、そのあともう一度水で歯ブラシをきれいにし、最後にコップ一杯の水で口をゆすぐというものです。よくあるやり方でしょう。しかし、お父さんは水を止めずに出しっぱなしにしていました。2人はそのときまでいつものように日本語で話していましたが、向こうの部屋から急に英語が聞こえてきたのです。"Don't waste water, Daddy!"（「パパ、お水を無駄にしないで！」）この表現をフランシスは日本語よりも英語でスムーズに言えました。ほっと胸をなでおろしました。英語はまだ負けていないと感じた瞬間です。

人生は長い

　私たちは経験を積むことで言葉に出会います。バイリンガルの場合、状況によって決まった言語になることもありますが、長い人生で色々な状況に出会い、それぞれの場面で日本語を使ったり、英語を使ったりすることで、両方が少しずつパズルのように完成していきます。私も日本で母親になるまで、「つわり」や「陣痛」などの単語に出会いませんでした。年月を重ねることで表現力が豊かになるのです。

　焦る必要はありません。単語数や話す時間のバランスよりも、楽しさのバランスに集中すればよいでしょう。

Rule #3: Different worlds, different languages

Lesson Learned

英語で対応できない場面があっても大丈夫！

バイリンガルであることは、必ずしもこの世の全ての出来事を2つの言語で表現できるという訳ではありません。日本語が多くなっても心配せず、英語を使う隙間を見つければOKです。

娘の一言

　幼稚園から小学校へ環境の変化は、私の言語の意識に大きな影響を与えました。国語の授業でのひらがな、漢字、そして作文に至る教育により、私の考えや感情などは日本語をもとに形作られていきました。日本語が発達するにつれて、英語との隔たりを少しずつ感じ始めるになりました。それでも母は焦ったり、英語を押し付けたりしようとせず、私のペースで英語を習うことを大事にしてくれました。そのおかげで私も自分の英語のレベルを心配せずに、気楽に勉強に励むことができました。

Rule #3: Different worlds, different languages

What's the word?

やはり、子どもは自分の生活の中の全ての経験を話したがります。今までと違うことをするようになると、英語でどう表現すればいいか分からなくなり、つい日本語だけの会話になりがちです。まずは日本語であっても子どもの話を聞いて、適切な英単語を使って答えてあげましょう。そうすると子どもも少しずつ英語の表現に慣れていきます。

給食	school lunch
ランドセル	school backpack
白衣	school lunch clothes
下敷き	plastic writing sheet
上履き	indoor shoes
掃除	clean-up
日直	class helper
そろばん	abacus
起立	stand up/rise
〜係	student in charge of the 〜

【例】

Oh, you're the student in charge of the library!
Do you have your plastic writing sheet?
Put away your school backpack, OK?

Ideas for action

学校について英語で話すためのアイデア

★ マイクを使って子どもの学校の1日について取材してみましょう！

★ 子どもと英語で学校ごっこをやってみましょう！

★ 子どもと学校行事のカレンダーを英語で作ってみましょう！

★ 子どもと日記を英語で書いてみましょう！

★ 子どもと校内図を英語で作ってみましょう！

Checklist

該当する項目に ✔ してください！

学校など外からの刺激で、子どもの話す英語の量が一時的に減ってもがっかりしません。　☐

家庭内で勝ち・負けの概念を持っていません。　☐

英語の発達に関して、長期的な伸びを重視しています。　☐

Rule #4: Get really real

子どもに「子どもらしくない」機会も設けよう！

子どもの言葉の範囲は限られている

　バイリンガルについて研究する学者の多くは、「バイリンガル」をひとつのものとして考えるのではなくて、状況、能力、年齢などに分類して考えます。その中のひとつに「プロフェッショナル・バイリンガル」という概念があります。プロフェッショナル・バイリンガルは自分の仕事については2ヶ国語で流暢に語ることができますが、仕事以外の話題になると、片方の言語の力が足りない状態になります。例えば、洋服屋の経営者は「レジ」、「返金」、「試着室」、「品切れ」等の言葉は英語でもすらすら言えるかもしれませんが、話題が子育てに変わると急に英語の会話についていけなくなるケースです。

　ある意味で、私の子どもたちはプロフェッショナル・バイリンガルでした。もちろん「仕事」はしていませんでしたが、同様に話題の範囲は限られていました。アメリカの親戚の家に行くと英語で話す機会は増えましたが、日本での生活と同じく「おやつ」、「鬼ごっこ」、「次は誰の番なの？」などばかりで、会話の内容は変わりませんでした。

子どもはキーパーソンになれる！

　フランシスが5才のとき、アメリカに住む兄夫婦が日本に来ました。フランシスはおじさんとおばさんと楽しく子どもの世界に関連する話をし、私は彼らと大人の旅行者に関連する話をしました。ある日、兄夫婦は上野公園に行くことにしました。私は用事があって行けませんでしたが、フランシスは一緒に行くことになりました。

　わざと企画したわけではありませんでしたが、フランシスの英語の成長にとって非常にいいチャンスでした。切符を買うとき、電車を乗り換えるとき、公園を案内するときなど、つねにフランシスの出番だったからです。新しい英語の世界でした。おまけにパンダも見ました！

子どもをかばわなくてもいい

　もちろん、アメリカに親戚がいるのは助かりました。しかし、親戚の力を借りずとも、言語発達の機会に巡りあうことはあるのです。アメリカで休暇を過ごしていたある夏、私たちはエスニック系の洋服屋でショッピングをしていました。すると突然メアリーの声が聞こえてきたのです。誰に話しているだろうと思い、メアリーのところに行くと、彼女はビーズ売り場の前である1人の男性客と話していました。

　ビーズの値段について聞かれたメアリーは、バスケットの表示価格を見て答えていました。すると、この男性客はレジ際にいた女性の経営者を指さし、「君はお母さんのいいアシスタントだね！」と褒めました。メアリーを店の子どもだと勘違いしていたのです。

　彼の勘違いでしたし、メアリーはまだ幼く恥ずかしがり屋でしたので、母親としての対応は、彼女の代わりに答えるということでした。しかし、かばう必要はありませんでした。かばわなかったことで、メアリーは本物の店屋さんごっこを英語で体験することができました。その日、メアリーが学んだことより、私が学んだことの方が大事だったと思います。

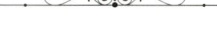

Rule #4: Get really real

Lesson Learned

突然やってくる英語の機会を歓迎しましょう！

「忙しくいろいろな企画をしているうちに実際に起こるのが人生だ」というのはジョン・レノンの名言です。英語を使う場面を設けるのも大切ですが、予期せず突然訪れる機会を見逃さないようにしましょう。

娘の一言

　２か国語を話せると、幼いころから自然と通訳をするようになります。私はアメリカに住む親戚が日本を訪れたときによく通訳をしました。大人になった今は、通訳を特殊な技能としか考えられなくなってしまいましたが、子どものときはあまり気にせずに直感的に訳していました。例えば、そばは英語で buckwheat noodle という難しい言葉であることを知らなくても、"It is a healthy type of noodle called *soba*."（日本語で *soba* という健康的な麺である）と英語で説明しました。熟語暗記にとどまらず、会話で知らない言葉があっても説明できる子どもの能力も大切にしましょう。

Rule #4: Get really real

What's the word?

子どもであっても大人であっても、多くの人は一日中動いています。どこに行けばいいか分からないこともよくありますね。困っている外国籍の人を見かけたら積極的に助けましょう！お母さんやお父さんが助ければ、子どもたちも真似してみたくなります。

道に迷っている	(be) lost
混乱している	(be) confused
こちらです！	It's right there!
左(右)側	on the left (right)
まっすぐ	straight ahead
案内する	show the way
私に付いて来て！	Follow me!
入場料	entrance fee
開店時間	opening time
閉店時間	closing time
次の駅	the next station
降りる	get off

【例】

Are you lost?

The museum is straight ahead on the left.

Follow me! I'll show the way.

Ideas for action

子どもが英語でリードするためのアイデア

★ 外国籍の人が物を落としたとき、子どもが自発的に声をかけられるよう、練習してみましょう。
【例】 "Excuse me, you dropped this!"

★ 外国籍の人が電車などで物を忘れたとき、子どもが自発的に声をかけられるよう、練習してみましょう。
【例】 "Excuse me, is this yours?"

★ 外国籍の人に席を譲るとき、子どもが自発的に声をかけられるよう、練習してみましょう。
【例】 "Please sit here!"

★ 外国籍の人が道に迷っているとき、子どもが自発的に声をかけられるよう、練習してみましょう。
【例】 "Can I help you find someplace?"

★ 外国籍の人が入場券などの購入方法で困っているとき、子どもが自発的に声をかけられるよう、練習してみましょう。
【例】 "Would you like to know the price?"

Rule #4: Get really real

Checklist

該当する項目に ✔ してください！

子どもに英語の力を伸ばす機会を与えています。　☐

子どもにランゲージ・リーダーシップを取らせています。　☐

ちょっと難しい状況でも、すぐに子どもを助けず、まず様子を見ています。　☐

Rule #5: Old wine in new bottles

日本語を英語に変身！

日本のものを排除する必要はない

　「英語で答えなければおやつなし！」というルールのように、過酷な方法で子どもに英語を使うようしつける人もいます。子どもが日本語のゲームや番組に夢中になり英語に興味を示さないときのもどかしさはよく分かります。しかし、無理やりに英語を詰め込もうとすると逆効果になる可能性が高いのではないでしょうか。日本に暮らしている子どもの土台となる言語は日本語です。この礎を取り除くのではなく、英語の取り組みに役立つ方法を見つける方がむしろ効果的です。

　何事でも、馴染みのあるものを出発点にすれば安心して挑戦する気になります。私も経験を積んだことでこのことが分かるようになりました。子どもには絶対に英語ができるようになってほしいと願うアメリカ人の私も、子どもといい関係を築くことが最重要であることを肝に銘じておかなければいけません。会話が何語であれ、子どもとのコミュニケーションを拒否したくないですね。でも、なるべく英語も多くしたいです！

サツキとメイはバイリンガル！

　『となりのトトロ』について初めて耳にしたのは、私が会社に勤めていたときのことです。勤務先の課長が宮崎駿監督の映画について話してくれました。最初は聞き間違えて「となりのこと」だと思い込んでいましたが、話を聞くうちにトトロのことが少しずつ分かるようになりました。課長の丁寧な説明はありがたく聞いていましたが、私は子どもとは英語の映画を見たいと思っていたため、実は最初は全く興味がありませんでした。『となりのトトロ』は我が家とは関係のない、まさに「となりのこと」でした。

　そんな中、義理の妹が『となりのトトロ』のビデオを贈ってくれました。娘も夫も乗り気だったので仕方なく見ることになりましたが、思いのほか私もすぐにトトロの虜になりました。家族と何度も楽しく鑑賞しましたが、英語はどうなるの？という不安にもかられました。

　私の不安材料を取り除こうとするかのように、1993年に『となりのトトロ』の英語の吹き替え版が発売されました。私はすぐさま海外から注文し、届くやいなやビデオプレーヤーに入れました。娘たちへのサプライズイベントでした。当時まだ1才だったメアリーは黙って見ていましたが、フランシスは登場人物が英語で会話していることに驚き、「ママ！サツキとメイはバイリンガルなの！」と嬉しそうに画面にくぎ付けになっていたことを今でも鮮明に覚えています。フランシスは、サツキ、メイやトトロの仲間たちが自身と同じく日本語だけではなく英語もできることを知り、もっともっと好きになったのでしょう。私にとっても英語はどうなる？という悩みが消えた瞬間でした。

アンパンマンは君さ！

　娘たちは幼稚園や保育園に通うと、日本語の歌をたくさん歌うようになりました。メアリーは特にアンパンマンが大好きで、保育園の運動会で「アンパンマンたいそう」を歌うことが決まると、家でも四六時中「アンパンマンは君さ」とばかり練習するようになりました。他の英語の歌を一緒に歌おうと試みましたが、全く上手くいきませんでした。

　アンパンマンも英語だったらいいのに……と思った私は、歌詞を英訳して歌ってみました。"Anpanman is you, he's you! If you have his power! ♪♪♪" ちょっと？ダサかったのですが、メアリーは意外と気に入ってくれました。アンパンマンは正義の味方とともに、英語の味方にもなりました！

> **Lesson Learned**
>
> **日本語で馴染みのあるものを英語に繋げましょう！**
>
> 日本語と英語は別の世界と考えず、重複する部分があればあるほど子どもは自然と英語を好きになります。

娘の一言

　『ドラえもん』や『となりのトトロ』など、当時大好きだったアニメーション番組や映画の英訳版を、母は家のビデオコレクションに加えてくれました。はじめて英語版を見たときはちょっと変な気がしました。英語吹き替え版は日本語を英語に訳すと同時に、日本独特の接し方を西洋文化の表現や話し方に変えるからです。例えば、日本では「ありがとう」と言われても、必ずしも「どういたしまして」と言いませんが、英語では "You're welcome!" または "No problem!" と言わないのは失礼です。番組や映画の英語版には、そういった文化の違いも反映されています。そういう面では英語圏の文化、接し方やマナーを学ぶのにも、英語吹き替え版は役に立ちます。

Rule #5: Old wine in new bottles

What's the word?

『ちびまるこちゃん』や『サザエさん』は普通の家族の話なので、英語で番組の内容について説明してもそこまで難しくないかもしれませんが、ファンタジーのような番組だと、どのように英語で語ればいいか戸惑うことがあるかもしれません。しかし心配は要りません！以下の単語を使えば簡単に空想の話もすることができます。

(過去に／未来に) タイムトラベルをする	travel in time (to the past/future)
飛ぶ	fly
罠	trap
〜に変身する	turn into 〜
〜を救う	save 〜
妖怪	monster
恐竜	dinosaur
宇宙	outer space
宇宙人	alien
(不思議な)生き物	(strange) creature
悪党	villain
正義の味方	champion of justice
戦士	warrior

【例】

The character travelled in time. It was cool!

The character turned into a snake! It was exciting!

The character saved the world from the villain!

Ideas for action

日本語で好きなものを英語でも表現するためのアイデア

★ 好きな歌を英訳してみましょう。

★ 好きなことわざを英訳してみましょう。

★ 好きなテレビの台詞や CM のキャッチフレーズを英訳してみましょう。

★ 好きな昔話を英語で語ってみましょう。

★ 好きなアニメのキャラクターに英語のニックネームを付けてみましょう。

Rule #5: Old wine in new bottles

Checklist

該当する項目に ✔ してください！

英語を無理やり詰め込もうとしていません。

日本人や日本のキャラクターが英語で話す場面を子どもに紹介しています。

子どもが好きな日本語の歌などを工夫して英語の上達に役立てています。

付 録

① Let's play! 遊ぼう！ 50
② Bouncy baby! 元気な赤ちゃん！ 52
③ Board games ボードゲームで遊ぼう！ 54
④ Let's play cards! トランプをしよう！ 56
⑤ Yucky things 虫だ！ 58
⑥ Garbage talk ゴミを出さなきゃ！ 60
⑦ Dirty, dirty! ばっちい！ 62
⑧ Family life 家庭生活 64
⑨ Cooking ご飯を作ろう！ 66
⑩ Transportation どうやって行こうか？ 68
⑪ In the garden お庭の手入れ 72
⑫ Chores 家のお手伝いをしよう！ 74
⑬ *Obento* box talk お弁当を食べよう！ 76
⑭ Tinkle time おしっこ！ 78
⑮ Animal friends ペットのお世話 80
⑯ Clothing 何を着ようかな？ 82
⑰ Bath time お風呂に入ろう！ 84
⑱ Laundry 洗濯しよう！ 86
⑲ Bedtime おやすみなさい！ 88
⑳ Special events 特別なイベント 90

Let's play! 遊ぼう！

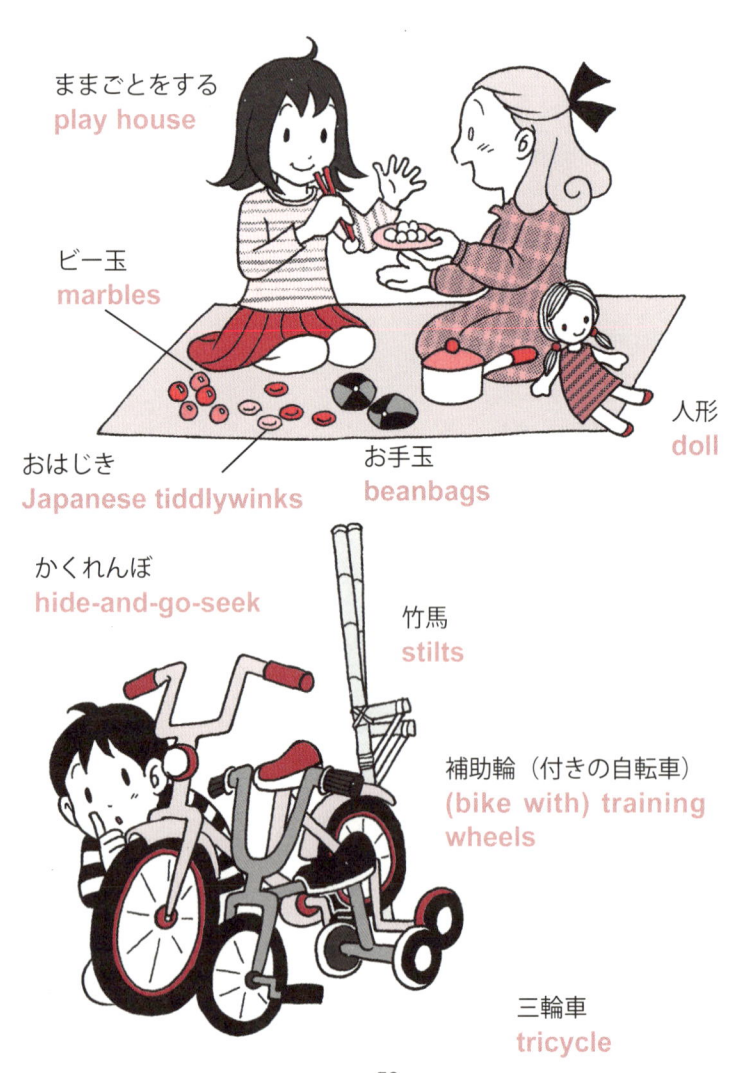

ままごとをする
play house

ビー玉
marbles

人形
doll

おはじき
Japanese tiddlywinks

お手玉
beanbags

かくれんぼ
hide-and-go-seek

竹馬
stilts

補助輪（付きの自転車）
(bike with) training wheels

三輪車
tricycle

50

付録①：Let's play! 遊ぼう！

店屋ごっこをする
play store

積み木
blocks

けん玉
cup and ball

風車
pinwheel

指人形
finger puppets

More things to say!

泥まんじゅう／泥団子を作る	make a mudpie
学校ごっこをする	play school
缶けりをする	play kick the can
石蹴り遊びをする	play hopscotch
あやとりをする	play cat's cradle
鬼ごっこ	play tag
君が鬼だ！	You're it!

Bouncy baby! 元気な赤ちゃん！

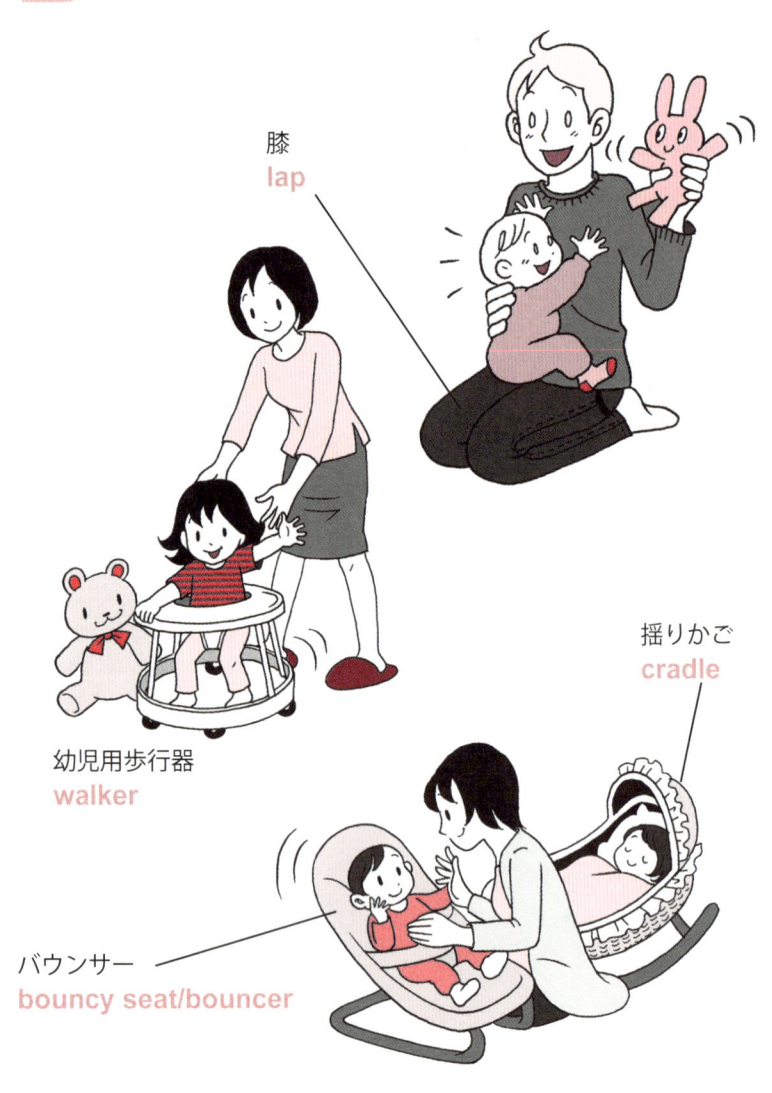

膝
lap

幼児用歩行器
walker

揺りかご
cradle

バウンサー
bouncy seat/bouncer

付録②：Bouncy baby! 元気な赤ちゃん！

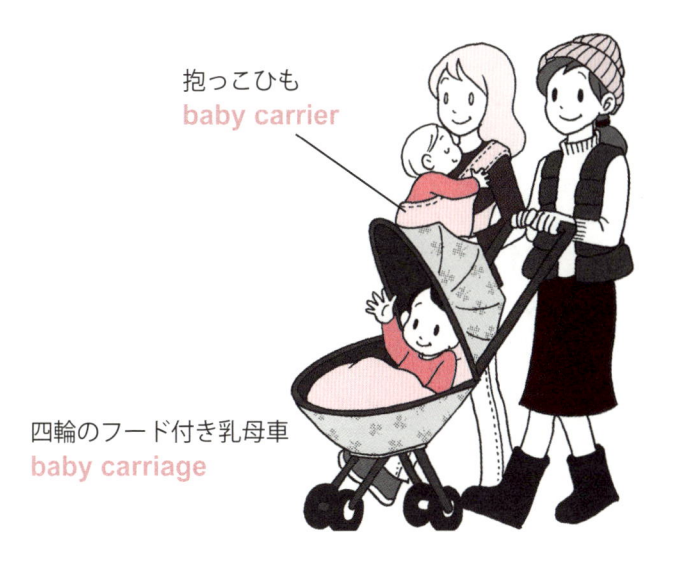

抱っこひも
baby carrier

四輪のフード付き乳母車
baby carriage

More things to say!

子ども椅子（脚が長くテーブル付き）	high chair
折り畳み式／腰かけ式の乳母車	stroller
揺り椅子	rocking chair
逆さま	upside down
跳ねさせる	bounce
揺り動かす	rock
揺する	swing
軽く揺する	jiggle
滑る	slide
体をくねらせる	wriggle
もがく	squirm
おっとっと！	Whoops!/Oops-a-daisy!

Board games　ボードゲームで遊ぼう！

- おもちゃのお金　play money
- 駒　piece
- ます目　square
- サイコロ（複数）dice（単数は die）
- スコアシート　score sheet
- ダイアモンドゲーム　Chinese checkers
- 砂時計　sand glass/hour glass

付録③：Board games ボードゲームで遊ぼう！

サイコロをふる
roll the dice

ルーレットを回す
spin the wheel

チェッカー
checkers

More things to say!

カード	card
ボード（盤）	board
砂時計をひっくり返す	turn over the sand glass/hour glass
3マス進められるね！	Oh, you get to move forward three squares!
2マス戻さなければいけないね。	Oh, you have to move back two squares.
はい！時間切れ！	Your time is up!
（あなた／彼／彼女／私）の番だよ。	It's (your/his/her/my) turn!
おお、いい手だね！	That was a good move!
あなたの得点が2倍になったよ。	You get double points!
（あなたは）〜点獲得したよ。	(You) scored ~ points.
私がルーレットを回す番だよ！	It's my turn to spin the wheel!

Let's play cards! トランプをしよう！

- クローバー club
- ハート heart
- ダイアモンド diamond
- スペード spade
- 12(クイーン) queen
- 13(キング) king
- 11(ジャック) jack
- エース ace
- 勝った！ I win!
- 山札 the stack

付録④：Let's play cards! トランプをしよう！

バノ抜き
Old Maid

手札
(my/your) hand

トランプ
(playing) cards

More things to say!

トランプのマーク（スート）	suit
トランプをする	play cards
カードを配る	deal the cards
カードを一枚取る	take a card
カードを一枚捨てる	discard one card
表を上／下にしてカードを置く	place a card face up/down
カードを切る	shuffle the cards
ひと組のカードを2分する	cut the deck
手札を揃える	arrange my/your hand
引き分け！	It's a draw!
キング(13)のペアを持っているね！	Oh, you have a pair of kings!

Yucky things　虫だ！

- クモ spider
- ムカデ centipede
- ゴキブリ cockroach
- 蜂の巣 beehive
- スズメバチ wasp
- ハチ刺され bee sting
- ミミズ worm

付録⑤：Yucky things 虫だ！

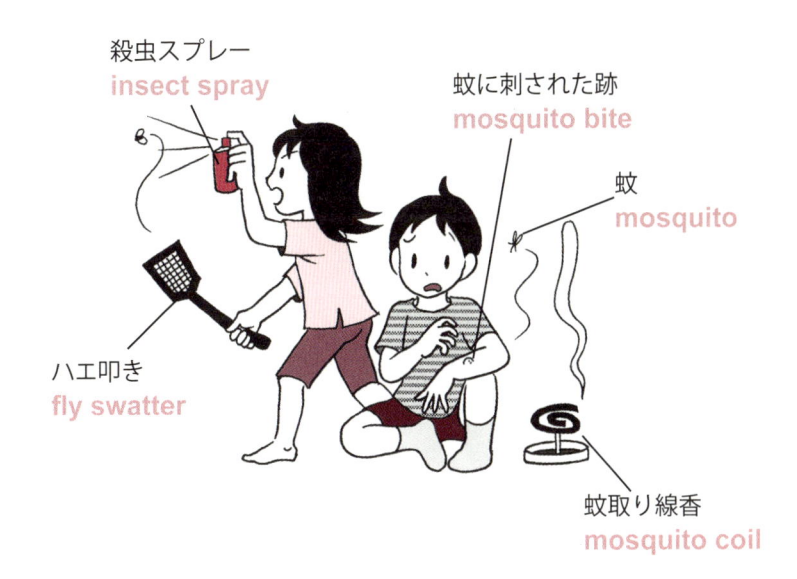

殺虫スプレー
insect spray

蚊に刺された跡
mosquito bite

蚊
mosquito

ハエ叩き
fly swatter

蚊取り線香
mosquito coil

More things to say!

虫	bug
ハチ	bee
虫よけスプレー	insect repellent
～に軟膏をつける	put ointment on ~
虫にスプレーする	spray an insect
虫を潰す	squash an insect
あそこにいるよ！	It's over there!
動かないで！	Don't move!
痛い！	It hurts!
かゆい！	It itches!
かいちゃだめ！	Don't scratch!

Garbage talk

ゴミを出さなきゃ！

ゴミを分別する
separate the garbage

ゴミ収集日
garbage collection day

ゴミ箱
garbage can

びん
(glass) bottle

ペットボトル
plastic bottle

缶
cans

ゴミ袋
garbage bag

燃えないゴミ
non-burnable garbage

燃えるゴミ
burnable garbage

カラス
crow

ゴミを出す
take out the garbage

粗大ゴミ
oversized garbage

付録⑥：Garbage talk ゴミを出さなきゃ！

新聞をしばる
tie up newspapers

ダンボール箱をつぶす
pull apart/flatten a cardboard box

発砲スチロール
Styrofoam

ひも
string

ボール紙／ダンボール
cardboard

More things to say!

ゴミを拾う	pick up garbage
リサイクルする	recycle (something)
ゴミを減らす	reduce the amount of garbage
ゴミが散らかっている。	Garbage is scattered.
ゴミを出し忘れた！	I forgot to take out the garbage!

Dirty, dirty! ばっちい！

タオル
towel

スモック／上っ張り
smock

石鹸
soap

消毒剤
disinfectant

靴磨き用ブラシ
shoe brush

しみ
stain

洗濯機
washing machine

付録⑦：Dirty, dirty! ばっちい！

くさい
smelly

泥
mud

水たまり
puddle

More things to say!

ばい菌	germs
こぼす	spill
（水・泥などを）まき散らす	spatter
玄関マット（ドアマット）	doormat
泥／砂を足につけたまま家に入る	track in mud/sand
足／手を拭く	wipe your feet/hands
泥だらけの	muddy
ねばねばする	sticky
かびた	moldy
ぬるぬるした	slimy

Family life　　家庭生活

- ママ — Mom, Mommy
- パパ — Dad, Daddy
- おばさん — aunt
- おじさん — uncle
- 弟 — little brother
- 妹 — little sister
- お兄さん — big brother
- いとこ — cousin
- 邪魔する — bother
- お姉さん — big sister

付録⑧：Family life 家庭生活

おじいちゃん
Grandpa

謝る
say I'm/you're sorry
apologize

おばあちゃん
Grandma

More things to say!

口論する	bicker
打つ	hit
壊す	break
仲直りする	make up
屋外で遊ぶ	play outdoors
屋内で遊ぶ	play indoors
一緒に遊ぼう！	Let's play together!
違うことをしてみよう！	Let's do something else!

Cooking

ご飯を作ろう！

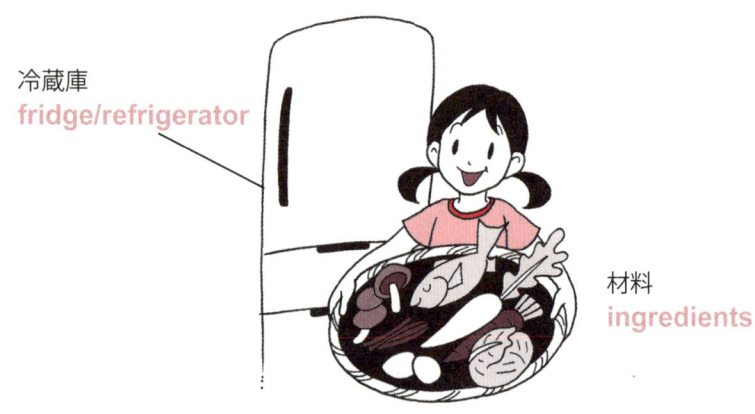

- 冷蔵庫 fridge/refrigerator
- 材料 ingredients
- コンロ／レンジ stove/range
- 刻む chop
- 流し台 sink
- カウンター counter
- 混ぜる mix
- まな板 cutting board
- 小さじ teaspoon
- 大さじ tablespoon

付録⑨：Cooking ご飯を作ろう！

オーブントースター
toaster oven

オーブン
oven

食卓に出す
serve

しょう油
soy sauce

More things to say!

量る	measure
合わせる	combine
ゆでる	boil
網焼きにする	grill
味付けする	season
焦げる	burn

Transportation どうやって行こうか？

駅で
At the station

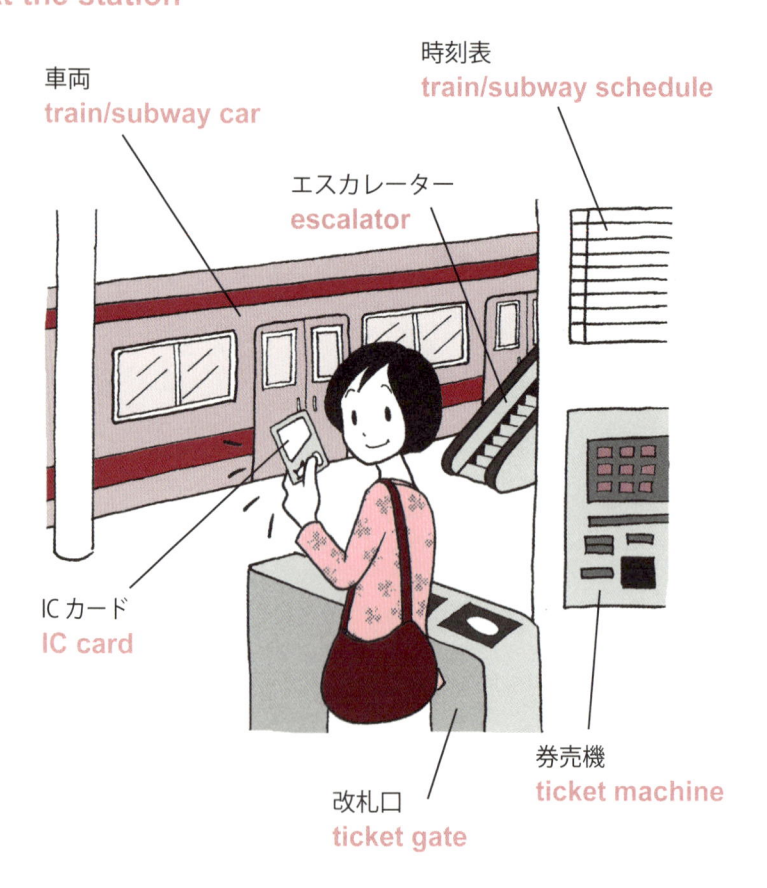

時刻表
train/subway schedule

車両
train/subway car

エスカレーター
escalator

IC カード
IC card

券売機
ticket machine

改札口
ticket gate

付録⑩：Transportation どうやって行こうか？

More things to say!

電車	**train**
地下鉄	**subway**
駅	**station**
エレベーター	**elevator**
車掌	**conductor**
優先席	**priority seat**
バス／電車／地下鉄で行く	**take the bus/train/subway**
バス／電車／地下鉄を待つ	**wait for the bus/train/subway**
バス／電車／地下鉄が遅れている。	**The bus/train/subway is running late.**

路上で
On the street

- 信号 traffic light
- バス停 bus stop
- トラック truck
- バス bus
- 横断歩道 crosswalk
- 歩道 sidewalk

- 自転車 bicycle
- オートバイ motorcycle
- 後ろの座席 back seat
- 自動車 car
- 前の座席 front seat

付録⑩：Transportation どうやって行こうか？

More things to say!

バスの運転手	bus driver
観光バス	sightseeing bus
歩く	walk
道を横断する	cross the street
道を横断する前に左右を見る	look both ways before crossing
車で行く	go by car
シートベルトを締める	fasten (your) seatbelt
前の座席に座る	sit up front
~に送ってもらう	get a ride with ~
~を迎えに行く	pick up ~

In the garden　お庭の手入れ

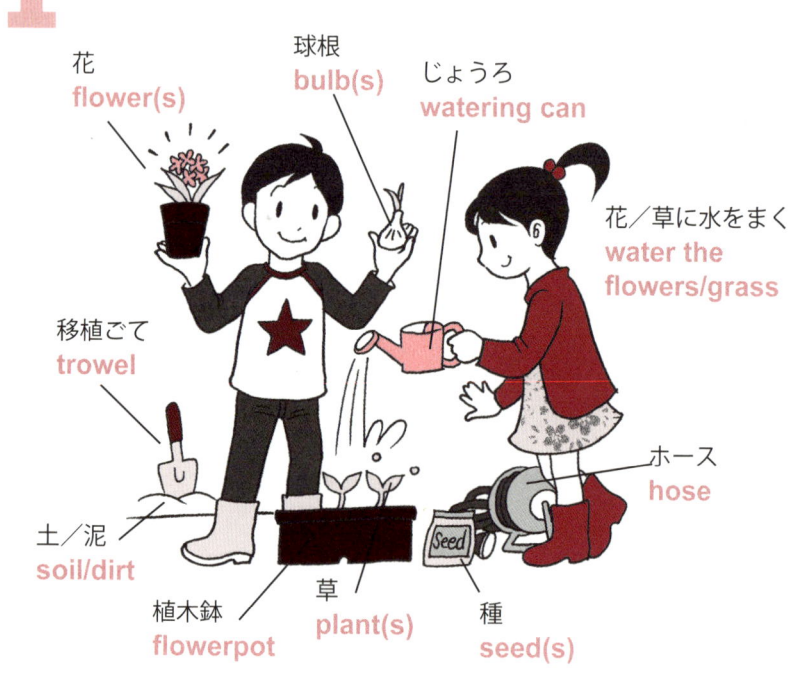

- 花　flower(s)
- 球根　bulb(s)
- じょうろ　watering can
- 花／草に水をまく　water the flowers/grass
- 移植ごて　trowel
- ホース　hose
- 土／泥　soil/dirt
- 植木鉢　flowerpot
- 草　plant(s)
- 種　seed(s)
- 雑草を抜く　pull the weeds
- 雑草　weed

付録⑪：In the garden お庭の手入れ

落ち葉をかき集める
rake the (fallen) leaves

枝を切る
cut the branches

熊手
rake

葉
leaf/leaves

More things to say!

つぼみ	**bud**
咲く	**bloom**
枯れる	**wither**
穴を掘る	**dig a hole**
種／球根を植える	**plant the seeds/bulbs**
じょうろに水をそそぐ	**fill the watering can**
花が咲いた！	**The flowers are in bloom!**

Chores 家のお手伝いをしよう！

部屋を掃除する
clean your room

ベッドを整える
make the bed

ほうき
broom

はたき
duster

雑巾
rag

バケツ
bucket

スプレーボトル
spray bottle

ちりとり
dustpan

（ホースなどの）ノズル／噴射口
nozzle

掃除機
vacuum cleaner

おもちゃを片づける
put away the toys

汚れた服を拾う
pick up the dirty clothes

付録⑫：Chores 家のお手伝いをしよう！

食器を片づける
clear the dishes

食器を洗う
wash the dishes

スポンジ
sponge

たわし
scrub brush

More things to say!
モップ	**mop**
お膳立てをする	**set the table**
テーブルをふく	**wipe the table**
布団を畳む	**fold the futon**
～を洗濯かごに入れる	**put ~ in the laundry basket/hamper**

Obento box talk　　お弁当を食べよう！

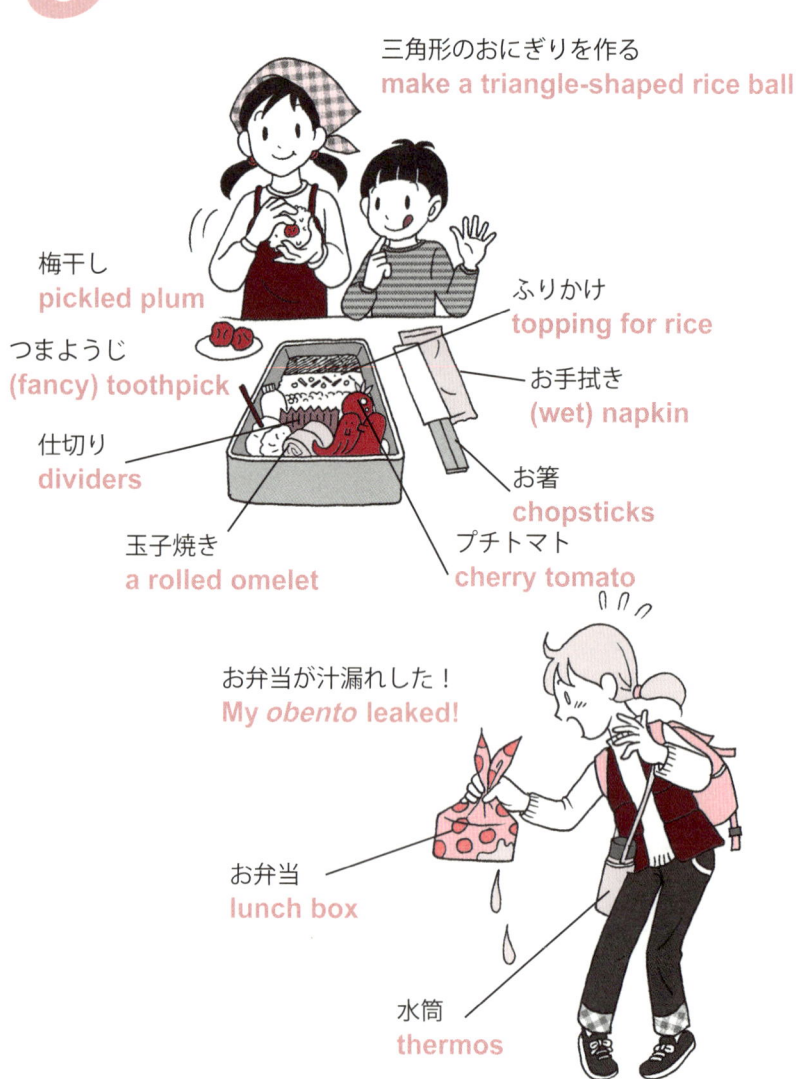

三角形のおにぎりを作る
make a triangle-shaped rice ball

梅干し
pickled plum

つまようじ
(fancy) toothpick

仕切り
dividers

玉子焼き
a rolled omelet

ふりかけ
topping for rice

お手拭き
(wet) napkin

お箸
chopsticks

プチトマト
cherry tomato

お弁当が汁漏れした！
My *obento* leaked!

お弁当
lunch box

水筒
thermos

付録⑬：*Obento* box talk お弁当を食べよう！

海苔で顔の形を作る
make a face with *nori* seaweed

たこさんウインナーを作る
make an octopus with a wiener

ウサギりんごを作る
make a rabbit with an apple

More things to say!	
おにぎり	rice ball
いなりずし	flavored rice wrapped in thin fried tofu
とりそぼろ	minced chicken
おかず入れ	food cups
マヨネーズ容器	mayonnaise case
三色弁当を作る	make a tricolor *obento*
パンの耳を切る	cut off the crusts (of bread)
ふりかけをかける	sprinkle a topping on the rice
おにぎりに海苔を巻く	wrap the rice ball in *nori* seaweed
お弁当のおかずは何にしようか？	What shall we (I) put in the *obento*?

Tinkle time　　おしっこ！

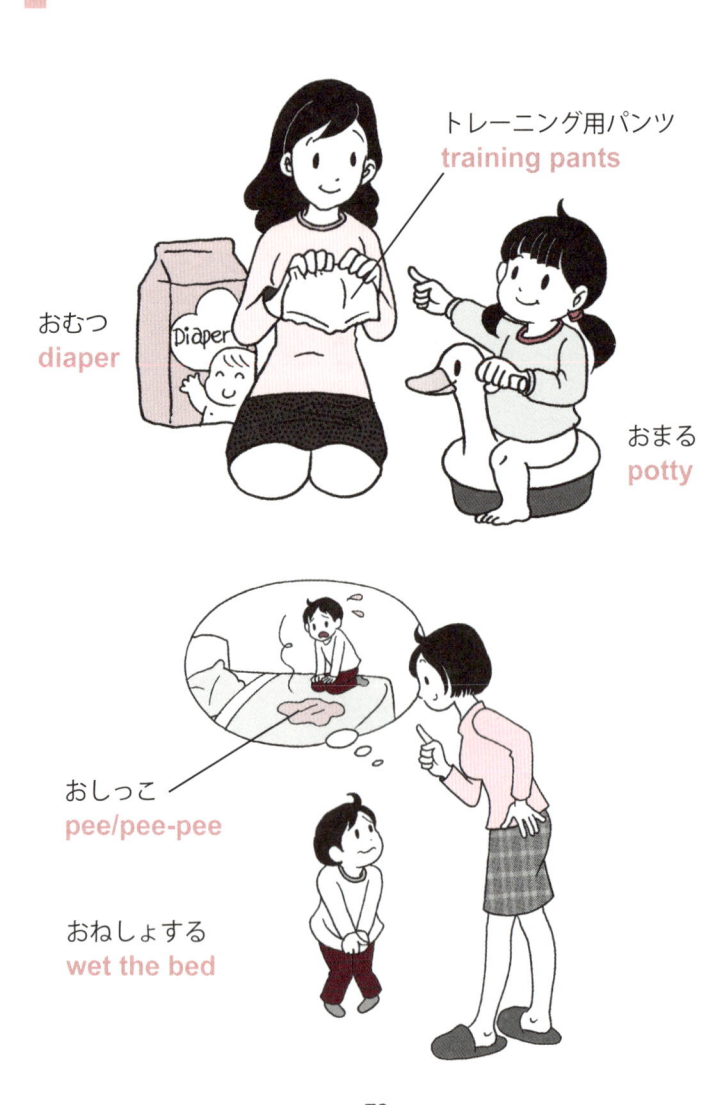

トレーニング用パンツ
training pants

おむつ
diaper

おまる
potty

おしっこ
pee/pee-pee

おねしょする
wet the bed

付録⑭：Tinkle time おしっこ！

うんち
poo/poop

トイレットペーパー
toilet paper

トイレの洗浄ハンドル
toilet handle

便器のふた
toilet lid

トイレ
toilet

トイレ用ブラシ
toilet brush

便座
toilet seat

便器
toilet bowl

More things to say!

パンツ	underpants/undies
おしっこする	go to the potty/tinkle/pee
ズボンを引き下ろす	pull down (your) pants
ズボンを引き上げる	pull up (your) pants
おしっこを漏らす	wet (your) pants
トイレの水を流す	flush the toilet
お尻を拭く	wipe (your) bottom
おしっこする？	Do you have to pee?
トイレの水が流れない。	The toilet won't flush.
トイレが詰まっている。	The toilet is stopped up.
トイレットペーパーがない。	There's no toilet paper.

Animal friends　　ペットのお世話

猫
cat/kitty

(動物の)ひげ
whiskers

(動物の)足
paw(s)

猫用のトイレ
kitty litter box

お手！
shake hands!

しっぽ
tail

犬
dog/doggy

亀
turtle

金魚
goldfish

ウサギ
rabbit/bunny

付録⑮：Animal friends ペットのお世話

獣医
vet

犬を散歩させる
take the dog out for a walk

ノミ
flea(s)

首輪
collar

More things to say!

熱帯魚	tropical fish
綱	leash
水槽をきれいにする	clean the fish tank
〜に餌をやる	feed 〜
くんくん嗅ぐ	sniff
ペットのえさ皿に水とペットフードを入れる	fill a pet's water and food bowls
犬がしっぽを振っている。	The dog is wagging its tail.
猫がゴロゴロと喉をならしている。	The cat is purring.
お座り！	Sit!
いい子！	Good boy/girl!
タマは引っ掻かないから、撫でても大丈夫よ。	It's OK to pet Tama. She won't scratch.

Clothing　何を着ようかな？

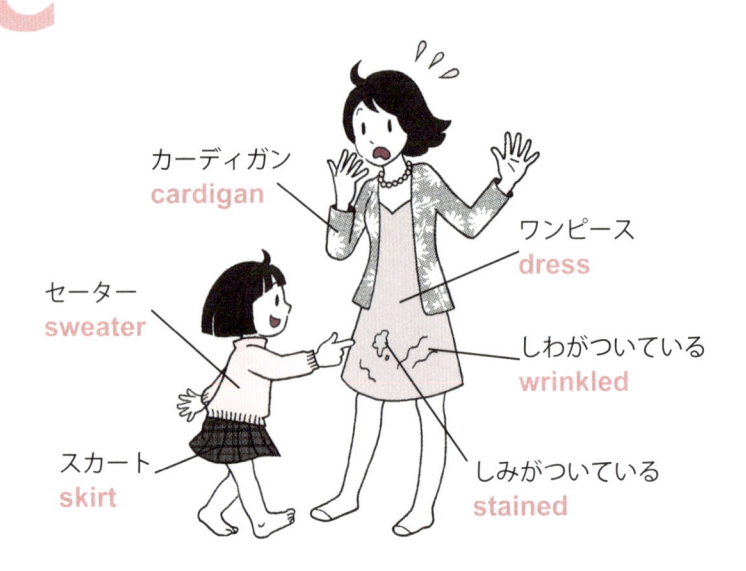

- カーディガン cardigan
- ワンピース dress
- セーター sweater
- しわがついている wrinkled
- スカート skirt
- しみがついている stained

（ズボンのチャックが）開いているよ！
Your fly is open!

- シャツ shirt
- チャック zipper
- 靴下 sock(s)
- ズボン pants

付録⑯：Clothing 何を着ようかな？

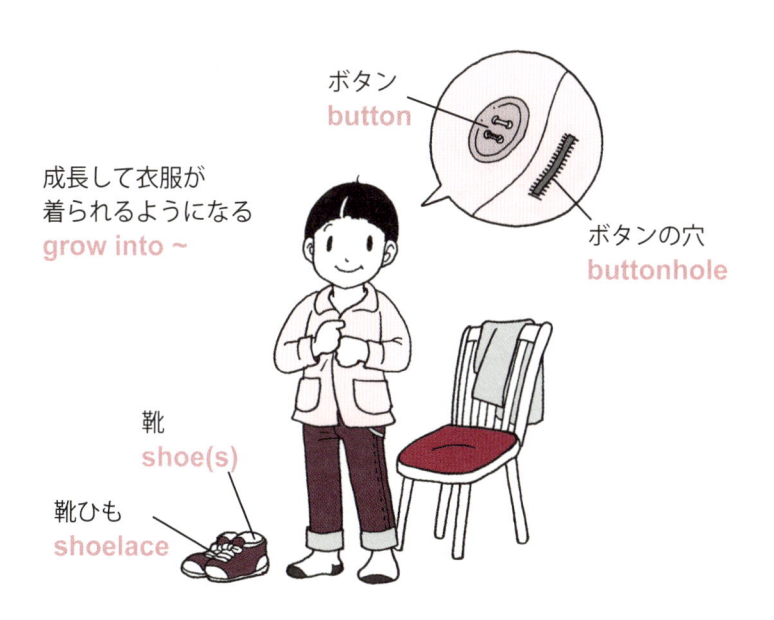

ボタン
button

成長して衣服が
着られるようになる
grow into ~

ボタンの穴
buttonhole

靴
shoe(s)

靴ひも
shoelace

More things to say!

おさがり	hand-me-down
（靴・靴下の）ひと組	a pair of ~
衣替えをする	put away and take out clothes when the season changes
シャツの裾をズボンの中にたくし込む	tuck in your shirt
チャック／ジッパー／ファスナーを締める	zip up
裏返しになっているよ！	It's inside out!
後ろ前になっているよ。	You put it on backwards.

Bath time

お風呂に入ろう！

髪／頭を洗う
wash your hair

蛇口
faucet

風呂椅子
bath stool

追い焚きする
reheat the bath

シャワー
shower

風呂
bath/tub

手桶
bath scoop

すのこ
draining board(s)

付録⑰：Bath time お風呂に入ろう！

お風呂のお湯につかる
soak in the tub

風呂の栓
bath plug

鎖
chain

More things to say!

風呂ふた	**bath cover**
湯桶	**washbasin**
ごしごし洗う	**scrub**
すすぐ	**rinse off**
服を脱ぐ	**take off (your) clothes**
風呂に入る	**take a bath**
シャワーを浴びる	**take a shower**
足し湯する	**add more hot water**
体を拭く	**dry (your) body**
シャンプーが目に入る。	**Shampoo gets in (your) eyes.**

Laundry 洗濯しよう！

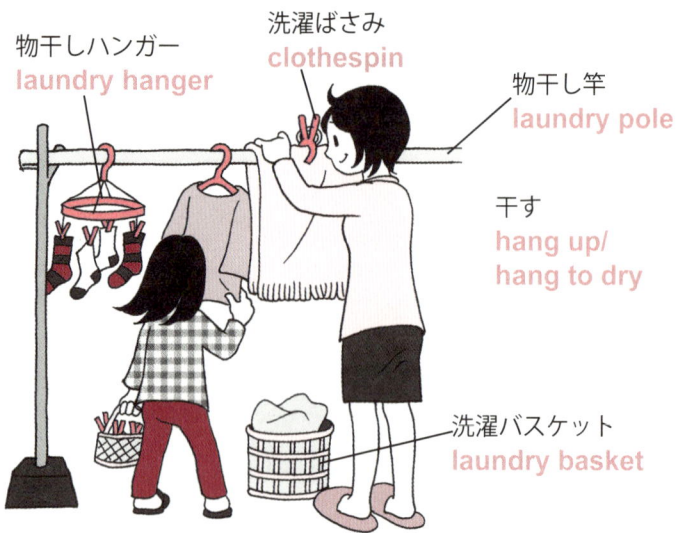

- 糸くずフィルター lint filter
- 乾燥機 dryer
- 漂白剤 bleach
- 洗剤 detergent
- 洗濯機 washing machine
- 物干しハンガー laundry hanger
- 洗濯ばさみ clothespin
- 物干し竿 laundry pole
- 干す hang up/ hang to dry
- 洗濯バスケット laundry basket

付録⑱：Laundry 洗濯しよう！

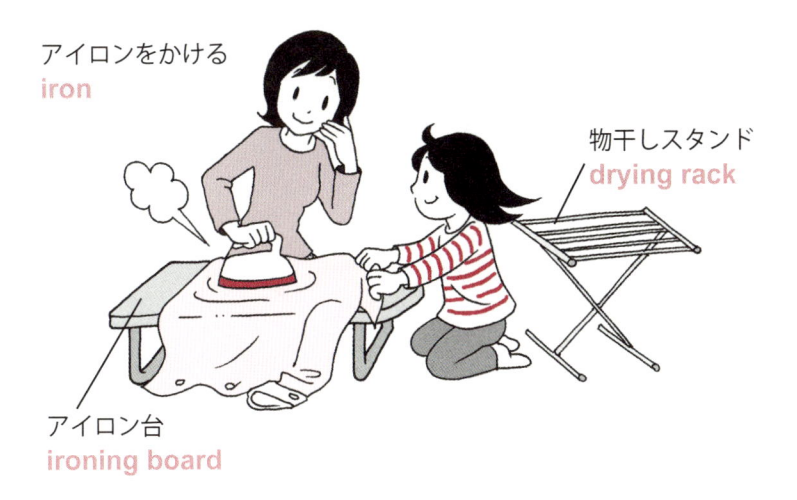

アイロンをかける
iron

物干しスタンド
drying rack

アイロン台
ironing board

More things to say!

畳む	fold
縮む	shrink
手洗いする	hand-wash
シミを取る	remove a stain
洗濯物を分類する	sort laundry
洗濯日和だね。	It's perfect weather for doing laundry.
絹／シルクだから手洗いしよう。	This is silk so let's wash it by hand.
ああ、セーターが縮んでしまった！	Oh, the sweater shrunk!

Bedtime　おやすみなさい！

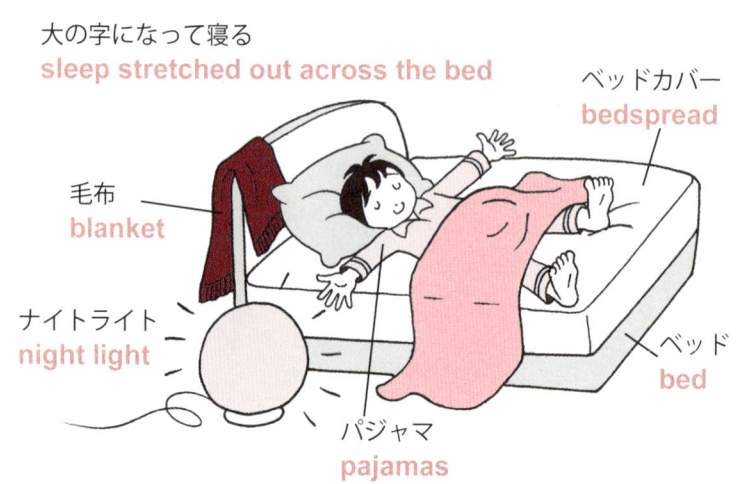

子守唄
lullaby

ベビーベッド
crib

くまのぬいぐるみ
teddy bear

大の字になって寝る
sleep stretched out across the bed

ベッドカバー
bedspread

毛布
blanket

ナイトライト
night light

ベッド
bed

パジャマ
pajamas

付録⑲：Bedtime おやすみなさい！

布団
futon

シーツ
sheets

2段ベッド
bunk bed

枕
pillow

More things to say!

いびきをかく	snore
寝かしつけるときにするお話	bedtime story
寝かしつける	tuck me into bed
川の字で寝る	sleep together with Mommy and Daddy
電気を消す	turn off the lights
寝言を言う	talk in (your) sleep
悪い夢を見る	have a bad dream
さあ、寝る時間だよ！	It's bedtime!
おやすみなさい！	Good night!

Special events　特別なイベント

New Year's Day　お正月

鏡餅
New Year's rice cake decoration

年賀状
New Year's cards

おせち料理
special New Year's food

お年玉
New Year's money

凧揚げ
kite-flying

門松
New Year's pine decoration

付録⑳：Special events 特別なイベント

More things to say!

初詣に行く	visit a shrine for the first time in the year
初日の出を見る	see the first sunrise
あけましておめでとうございます。	Happy New Year!
大晦日に何をしようか？	What shall we do on New Year's Eve?
大掃除をしよう。	Let's clean up the house!

Bean-Scattering Day　節分

お面
mask

大豆
soybean(s)

鬼
demon

節分
bean-scattering

鬼は外！福は内！
Out with the demons! In with good luck!

太巻き
thick sushi roll

More things to say!

お面を被ろう！	Let's put on masks!
豆は年の数だけ食べてね！	Eat the same number of beans as your age!

Valentine's Day　バレンタインデー

ハート
heart

トリュフ
truffle

ハート型の箱
heart-shaped box

ブラウニー
brownie

バレンタインデーカード
Valentine's Day card

More things to say!

ハッピー・バレンタインデー！	Happy Valentine's Day!
これはあなたのためです。	This is for you.
これをあなたのために作りました。	I made this for you.
チョコレートスイーツを作ろう！	Let's make chocolate sweets!
チョコレート何個貰った？	How many chocolates did you receive?

付録⑳：Special events 特別なイベント

Doll's Festival　おひなまつり

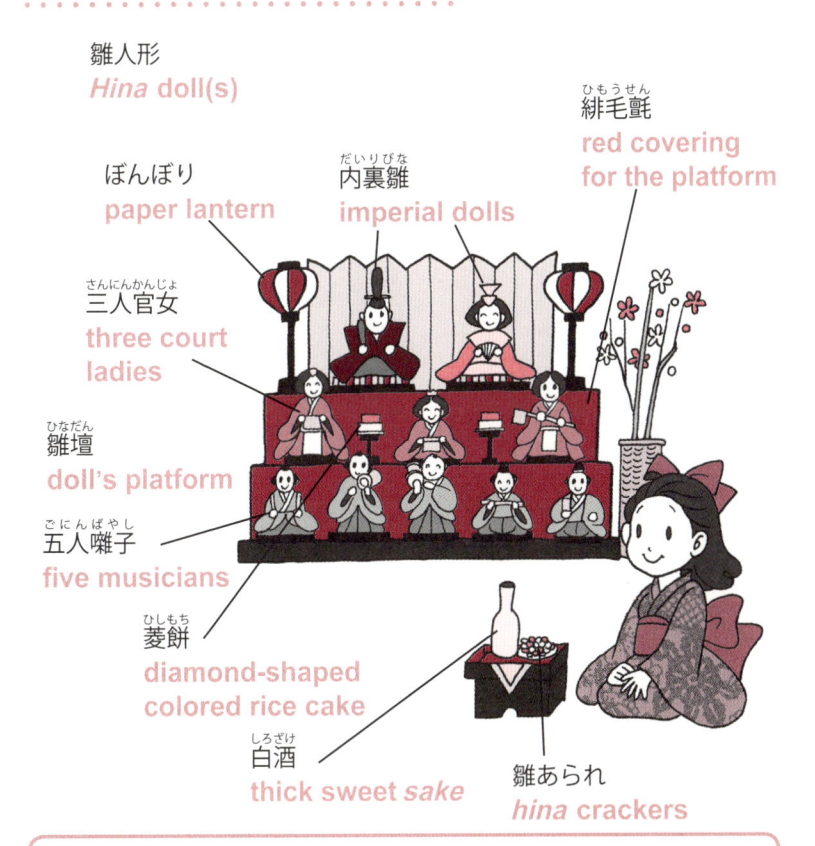

雛人形
Hina doll(s)

緋毛氈
red covering for the platform

ぼんぼり
paper lantern

内裏雛
imperial dolls

三人官女
three court ladies

雛壇
doll's platform

五人囃子
five musicians

菱餅
diamond-shaped colored rice cake

白酒
thick sweet *sake*

雛あられ
hina crackers

More things to say!

お雛様を飾ろう。	Let's arrange the dolls.
この雛人形はどこに置けばいい？	Where do these dolls go?
雛人形は大事に持ってね。	Hold them carefully!
とても素敵だね！	They look so pretty!
女の子だけの特別な日だね。	This is a special day just for girls.

Children's Day　こどもの日

鯉のぼり
carp streamer

金太郎人形
Golden Boy doll

かぶと
helmet

菖蒲湯(しょうぶゆ)
bath with iris leaves

柏餅
rice cakes wrapped in oak leaves

More things to say!

鯉のぼりをあげよう！	Let's put up the streamers!
鯉のぼりには鯉が何匹いる？	How many streamers are there?
鯉のぼりが風になびいている。	The streamers are waving in the wind.
柏餅を食べよう。	Let's eat rice cakes wrapped in oak leaves.
その金太郎人形かわいい！	That Kintaro doll is cute!

付録⑳：Special events 特別なイベント

Star Festival　七夕

彦星(ひこぼし)
Altair

織姫(おりひめ)
Vega

笹
bamboo leaves

吹流し(ふきなが)
(paper) streamer

天の川(あま)
Milky Way

短冊(たんざく)
strip of special paper

More things to say!

短冊に願い事を書いてね！	Write your wish on the paper!
笹の葉に短冊をくくりつけようね。	Let's hang it on the wish tree.
今夜は晴れている。	It's a clear night.
曇っているね……	Oh, it's cloudy ...
織姫と彦星は会えるかな……	I wonder if Altair and Vega can meet.

Seven-Five-Three 七五三

- 鶴 (つる) crane
- 亀 (かめ) turtle
- 神社 (じんじゃ) shrine
- 羽織 (はおり) *haori* jacket
- 千歳飴 (ちとせあめ) long candy stick
- 着物 (きもの) kimono
- 袴 (はかま) *hakama* trousers

More things to say!

着物を着付けよう！	Let's put on your kimono!
とても素敵だよ！	You look great!
神社に行こう！	Let's go to the shrine!
千歳飴を持った姿の写真を撮るね。	Let me take a picture of you with your candy stick!
鶴と亀は長く生きる。	Cranes and turtles live a long time.

付録⑳：Special events 特別なイベント

Halloween　ハロウィーン

魔女　witch
幽霊　ghost
姫　princess
海賊　pirate
衣装　costume
かぼちゃ　pumpkin
ジャック・オー・ランタン　Jack-o'-Lantern!

More things to say!

仮装する	put on/wear a costume
ジャック・オー・ランタン（かぼちゃで作ったちょうちん）を作ろう！	Let's make a Jack-o'-Lantern!
あなたの衣装は最高だね！	Your costume is great!
あなたは海賊なの？	Are you a pirate?
ああ、不気味だね！	Oh, it's spooky!
トリック・オア・トリート！（いたずらかお菓子か）	Trick or treat!

Christmas　クリスマス

星
star

クリスマスツリー
Christmas tree

飾り
decoration

明かり
lights

天使
angel

リース
wreath

付録⑳：Special events 特別なイベント

サンタ（クロース）
Santa (Claus)

トナカイ
reindeer

More things to say!

メリークリスマス！	**Merry Christmas!**
ツリーを飾ろう！	**Let's decorate the tree!**
星をツリーの一番上に付けたい？	**Would you like to put the star on the tree?**
リースを掛けよう！	**Let's hang the wreath!**
サンタさんから何をもらった？	**What did Santa give you?**

子どもが英語を好きになる

魔法の
10の法則

Rule #6 ~ Rule #10

Rule #6: Register that register!

英語にも TPO!

ママだけではお手本になれない

　子どもに向かって英語を直接話すのは大事ですが、それだけでなく、子どもたちが英語の環境に身を置くことも重要です。つまり、他の人の英語に触れるのも英語の力を伸ばす機会なのです。周りとの会話が母親だけだと、意外なこともあります。

　娘たちは私の仕事関係の電話をたまに聞いていました。それに影響を受けたのでしょう。ある計画の話をしていると、メアリーは "I'd like to be part of the process."（「私もそのプロセスに関わりたいです。」）と言いました。意味的にも、文法的にも問題ない表現でしたが、子どもらしくないですね。"I want to do it, too!" の方が自然に聞こえます。幼いメアリーが突然OLに変身したようでした。私だけの英語を吸収したせいだと反省しました。

意外な表現も身に付く

　やはり言葉には TPO があります。これは言語学ではレジスターと呼ばれます。状況に相応しくないレジスターを使うと、周りが違和感を覚えますし、場合によっては失礼になってしまいます。

　今まで娘たちにはディズニーなどの英語のビデオを見せていましたし、あえて子ども向けの料理や科学番組なども見せるよう心掛けていました。子どもらしい、ちょっと改まった言葉も使えるようにすることが目的でした。

　これらの番組によって子どものレジスターの理解は少し増えたと思います。しかし、ある日私がカウンターを拭いているときに、また面白いことが起きたのです。フランシスがスプレーを指して、"It cleans the germs on surfaces that make your family sick, right? So you'll have a cleaner, healthier home, right?"（「家族を病気にするカウンター上のばい菌をきれいにするよね？だからよりきれいで、より衛生的な家になるよね？」）と言ったのです。彼女は録画されたアメリカのテレビ番組の途中に流れる CM を完全に暗記していました。予想外でちょっとおかしな発言でした。販売のスローガンもレジスターのひとつです。

英語に敬語がないと言っても……

「英語に敬語がない」とよく耳にします。確かに「参る」・「いらっしゃる」のようなはっきりとした違いはありませんが、親しくない人や目上の人と話すときの言葉遣いはあります。ここで、日本人がよくする勘違いを指摘したいと思います。名詞・動詞 + "please" = 良くない表現です。実はこのパターン、例えば "Juice, please." あるいは "Give it to me, please." などをネイティブの子どもはあまり使いませんし、ちょっと強い言い方です。"please" を付けないよりは付けた方がいいですが、それにしても命令のように聞こえます。親しくない人や目上の人はもちろん、子ども同士で話すときでもこのパターンは使わず、"Can I ... ?" や "Can you ... ?" が圧倒的に主流です。子どもが "Can I have some juice (, please)?" や "Can you give it to me (, please)?" の言い方を使えるようにしましょう。

Lesson Learned

**どこで、だれと話しているかを
少しずつ意識するようにしましょう！**

急にTPOに敏感になるのは難しいですが、コミュニケーションの側面のひとつなので完全に無視することは望ましくありません。このような練習も遊び感覚で行うと結構楽しいですよ！

娘の一言

　英語で会話することに全く抵抗を感じなくなるためには、やはり英語を使って多くの経験を積み、そして特に様々な場面で使われる英語に慣れていくことが重要だと思います。あるとき、母と母の友人のBさんが電話で会話しているのを聞きました。Bさんは英語がすごく上手でしたので、母とは英語で会話をしていたのですが、母がBさんのお母さんにも電話を代わってほしい旨を伝えると、Bさんは急に英語が出てこなくなってしまったようで、日本語で「今、手がふさがっています」と答えました。Bさんが探していたフレーズは、実は英語では "I'm sorry but my mother can't come to the phone right now."（「申し訳ありませんが、母は今電話に出られません」）と、とてもシンプルに言えるのです。きっと、今までこういった場面に英語で遭遇したことがなかったため、言葉に詰まってしまったのでしょう。ロールプレイなどを通じて、シチュエーションごとに使われる英語をお子さんに紹介してみるのも効果的ではないでしょうか。

What's the word?

ちょっとだけの工夫によって言葉遣いがより丁寧になり、いい印象を与えますね。子どもだから言葉遣いについて考えなくていいという発想はよくある誤解だと思います。難しいレベルでなくても、子どもが状況に合わせた話し方ができるよう、少しずつ練習してみましょう。以下の表現から始めてみてはいかがでしょうか。少し間違えてしまっても、丁寧に話そうとしている姿勢は努力していない人より確実に良い印象を与えます。今日から挑戦してみましょう！

少し	a bit
もしかしたら	Perhaps it is ...
〜らしい	It seems ...
すみません	Excuse me.
〜してもいいでしょうか	May I ... ?
あいにく	I'm afraid ...
ありがたいのですが……	Thank you, but ...
失礼ですが	I beg your pardon.
〜をくださいますか	Could you spare ... ?
〜いかがでしょうか	Would you like ... ?
〜かしら	I wonder if I/you could ...
〜は可能でしょうか	Is it possible for me/you to ... ?

【例】

It's a bit hot in this room.

It seems he can't come.

Could you spare a few minutes?

Ideas for action

英語のレジスターにも気を配らせるためのアイデア

☆ ロールプレイに人形を使ってもいいですね！

★ あることを科学者のように説明してみたあと、今度は同じ内容を広告業界の人のように説明してみましょう。

★ ジャーナリストになりきり取材をしてみたあと、今度は警察官になりきって同じことをしてみましょう。

★ 今日の天気について普通に話してみたあと、今度は気象予報士になりきって報告をしてみましょう。

★ ファストフードの店員のように注文を受けてみて、今度は高級料理屋さんのウェイターやウェイトレスになりきってみましょう。

★ 食事について子どものような感想を述べたあと、今度は有名なレストランの批評家になりきって同じことをしてみましょう。

Checklist

該当する項目に ✔ してください！

子どもにはいろいろな英語に触れさせて
います。 ☐

子どもにも英語の TPO を意識させて
います。 ☐

簡単な英会話の中にも必要な丁寧さを
忘れていません。 ☐

Rule #7: Your way, my way

子どもの興味に従おう！

実用的かどうかは一番大事ではない

　本の読み聞かせは、子どもの言葉の発達の上で非常に大事です。フランシスが小さいとき、図書館に勤めていたアメリカの親友のジェニーさんからたくさんの美しい英字絵本をもらいました。また、ラッセル・ホーバンという作家がアナグマ子ども「フランシス」を主人公にした楽しい絵本のシリーズを書いたので、たくさんの友人が我が家のフランシスにこの「フランシス」の本をプレゼントにしてくれました。本棚があふれるほど素敵な英語の本でいっぱいになりました。でも……

　フランシスは *The Poky Little Puppy and the Lost Bone*（『ちっぽけな子犬と無くなった骨』）という本が大好きで、毎晩を読んでほしいと言いました。この本は題名の通り、子犬が骨を無くしたあと、いろいろな動物に骨を見たかどうか尋ねる話です。私もこの本が好きでしたが、"Have you seen my bone?" がすらすら言えてもフランシスの人生に何も役に立たないのではないかと心配しました。しかし、子どもは実用的な言葉という基準で本を選ぶわけではありません。実用的ではないからこそ魅力を感じるのかもしれません。

繰り返しは重要

　メアリーはさらに極端でした。わらべ歌を集めた本に入っていた 17 世紀の『ラベンダーブルー』に心を奪われてしまいました。私たちの本には最初の節しか入っていなかったので、毎晩「ラベンダーブルー、ララララ、ラベンダーグリーン、僕が王様になるとき、ララララ、君は女王様」の繰り返しでした。この歌に比べると、ちっぽけな子犬のほうが圧倒的に実用的だと感じました！

　単語を増やす手段としては役立ちませんでしたが、この歌は 2、3 才のメアリーに驚くべき喜びを与えました。目を閉じてこのシンプルな歌を何度も幸せそうに歌いました。日本の保育園に行っていたメアリーにとって、この歌は 1 日を締めくくる、大好きなプチ儀式でした。メアリーはこの小さい入り口によって、英語の世界が好きになったので、無意味な繰り返しとはいえません。

英語での読書が好きになるのを目指せ！

　私が気に入っている絵本のひとつに *The Carrot Seed*（『にんじんの種』）があります。この本は 101 語しかなく、とても簡単な話です。小さい男の子がにんじんの種をまきます。お母さんはにんじんの芽が出てこないだろうと言い、お父さんもお兄さんも同様のことを言います。しかし、最後には「そして、ある日、小さい男の子が思ったとおり、にんじんが出てきました。」と終わる物語です。

　私にとってこの話は大きな励ましでした。小さい男の子のように（英語の）種をまき、すぐに実りが見えなくてもいつか出てくると信じました。フランシスとメアリーは小さいときは特定の英語の本だけ読みたがりましたが、私がまいた「種」は 2 人を読書好きの人間に育てあげ、もう少し大きくなったときには、たくさんの英語の本を読むようになりました。長期的な目標ですが、小さい男の子のように気長に待ちましょう。

Rule #7: Your way, my way

Lesson Learned

夢に一歩ずつ近づきましょう！

子どもの進歩が思い通りにいかないときに無理やり引っ張ろうとすると、英語が嫌いになる危険性があります。子どもが英語好きであることが何よりも大事です。

娘の一言

　幼かったころ、私は母と英語の本を読むことが大好きでした。当時の私にとってはやや難しい絵本を日中に読んでいたのですが、新しい単語に出会う度に、絵を見たり母に質問したりすることで少しずつ英語の世界が鮮やかになっていくことにわくわくしました。でもやはり一番好きだった時間は、寝る前の本の読み聞かせです。難易度が高い本が中心だった日中の時間とは違い、夜にはリラックスできる本を母は選んでくれたので、*The Poky Little Puppy and the Lost Bone* など、何度読んでも飽きることのない大好きな本とともに眠りにつくことができました。毎晩同じ絵本を読むことで英語の語彙は増えなかったかもしれませんが、*The Poky Little Puppy and the Lost Bone* などの絵本の友達に出会うことで英語への関心や馴染みは日に日に強くなっていきました。たとえお子さんが大好きな絵本が難しくなくても、英語への興味の窓口となってくれれば、それだけで大きな一歩なのではないでしょうか。

Rule #7: Your way, my way

What's the word?

子どもは体験した様々なことについて意見を持っています。かなり早い段階から簡単な感想を述べるようになり、少しずつなぜそう思うのかまで話が広がっていきます。まず、このようなシンプルな形容詞を使って、好きなこと・嫌いなことについて話してみましょう。

一番好き	(my) favorite
素敵・素晴らしい	great
おかしい	funny
格好いい	cool
楽しい	fun
面白い	interesting
かわいい	cute
おいしい	yummy
馬鹿な	stupid
つまらない	boring
怖い	scary
不快な	yucky
汚い	dirty

【例】

That dog is cute!

That show is funny!

That salad is yucky!

Ideas for action

子どもが一番好きな英語の本についての話題の幅を広げるためのアイデア

★ 本の結末の翌日に起こる話を子どもと一緒に作ってみましょう。

★ 本の結末の10年後の話を子どもと一緒に作ってみましょう。

★ ストーリーの一部を変えて、その条件で結末はどう変わるかを考えてみましょう。
【例】 "What if the princess did not want to marry the prince?"

★ 本の始まりの前日の話を子どもと一緒に作ってみましょう。

★ 一番好きな登場人物が別の本の登場人物に出会ったら、どのような会話をするのか想像してみましょう。

Rule #7: Your way, my way

Checklist

該当する項目に ✔ してください！

子どもが楽しんでいる英語がすぐ役立つかどうかは気にしていません。 ☐

子どもが何回も同じ英語の本が読みたいと言っても、嫌がらず受け入れています。 ☐

子どもがたくさんの本を読むより、英語での読書が好きになることを重視しています。 ☐

Rule #8: In the ballpark

ほぼ正確で OK！

まずは大まかな理解

　私は高校生のとき、英文学の先生の息子であるW君という、とてもかわいい3才の男の子のベビーシッターをしていました。そのW君がある日突然、「『隠喩』を知っていますか？」と私に尋ねたのです。いくらお父さんが英文学の先生でも、3才児が隠喩を知っているのかと驚いたのを覚えています。W君は私の答えを待たずに、「それが『隠喩』だよ！」と、分厚い本を指さしました。きっとご両親がその本に関する隠喩の話をしていたのを聞いて、勘違いしたのでしょう。W君は本そのものが「隠喩」だと思い込んでいたのです。

　W君の理解はもちろん不完全でしたが、隠喩は本と関係のあるものだと知るだけでも、十分に大きなステップです。子どもはまず大まかな理解をすることで、言葉を少しずつきちんと使えるようになります。「間違い」よりも「理解の途中」と考えたほうが正しいかもしれません。

「認知の柔軟性」はいいこと

　スイスの心理学者のジャン・ピアジェは、ある面白い実験をしました。子どもたちに「太陽と月の名前を入れ替えたら、夜空には何がある？」という質問を投げかけるというものです。大多数は「太陽」と答えましたが、「それだと、空の様子はどうなる？」とピアジェが尋ねると、「空は明るい」と言う返事が返ってきました。今度は同じ実験をバイリンガルの子どもにしたところ、名前を入れ替えても夜空は変わらず暗いと分かっていることが明らかになりました。

　名称は物事の本質と関係なく付けられていると分かるのは「認知の柔軟性」のひとつに挙げられます。抽象的な概念を測るにはとても大事なスキルですが、違う言語に出会うことによって生まれる能力のようです。

自分なりの語り方を尊重しよう！

　私は自分の子どもたちの英語能力の成長に、言語学者としての視点から、また母親としての視点からも興味を持ちました。そこでメアリーが6才のとき、『桃太郎』の話を英語で語らせたことがあります。「きび団子」、「キジ」、「鬼」などの難しい単語が出てきますが、メアリーは "something sweet"、"a kind of bird"、"monsters" など知っている言葉を使いながら、最後までストーリーを続けることができました。この実験で特に面白かったのは、冒頭の「おばあさんが川で洗濯物をしていた」という部分です。メアリーは急に「川は英語で分からないから ocean でいい？」と質問しました。私はちょこっと笑いながら頷きました。

　私たちは海の近くに住んでいたので、メアリーは「川」よりも "ocean" に馴染みがありました。メアリーの『桃太郎』はちょっと変わっていましたが、最後までユニークで楽しいお話でした。Peach Boy が Ocean Boy になった日を一生忘れません。

Lesson Learned

「大体」は大切なコミュニケーション戦略！

子どもが楽しく話し続けることはとても重要です。完璧な言葉を使わせようとすると、途中でいやになってしまいます。反対に、意味が大体同じ言葉を使うことで、そのうちに正しい表現が身に付きます。挑戦したからこそ、メアリーはその後しっかりriverを覚えました。

娘の一言

　19世紀の言語哲学者フェルディナン・ド・ソシュールは、言葉は2つの部分の組み合わせであると考えました。1つは内容または意味の部分、そして2つ目は音や書かれた文字の部分です。そしてこの2つの部分の組み合わせは決して必然的な関係ではなく、恣意性(しいせい)の原則でもたされていると言いました。ソシュールによると特定の組み合わせの重要性は内容の意味の違いからでしか生じないのです。ソシュールのこの言語論は、バイリンガルの子どもを理解するのにちょうどいいのではないでしょうか。本当はwoods（森）という言葉を言いたいけど、その言葉を知らない子どもはtree（木）という言葉を使って会話を続けようとするかもしれません。森と木の違いはもちろんありますが、大体の意味は近いですよね。そういった小さな間違いにこだわらず、子どもの言語の発達と柔軟性と受け止め、ポジティブに考えてお子さんに接しましょう。母は私たちにこのように接したことで、私たちは英語で会話することを難しく考えず、楽しく続けることができました。

What's the word?

自分や家族の一員がどこにいるのか、そして身の回りのものがどこにあるのかについて語れると、かくれんぼなどのゲームができますね。ボールやぬいぐるみを隠してみて、子どもが探し物に近づけば "You're warm!"、離れてしまえば "You're cold!" と言ってみましょう。また、"Oh, it's in the living room!" と言って、場所を指し示す練習もできますよ！

玄関	entranceway	下駄箱	shoe cupboard
リビングルーム	living room	寝室	bedroom
ダイニングルーム	dining room	台所	kitchen
流し台	sink	浴室	bathroom
トイレ	toilet	テーブル	table
床	floor	カーペット	carpet
引き出し	drawer	クローゼット	closet

【例】

Where are you? Are you in the kitchen?
Where is the doll? Is it in the bedroom?
There you are! In the closet!

Ideas for action

子どもが適切な単語を知らないときに、話を続けるためのアイデア

★ 話題を変えてみましょう！
【例】 This is hard! Let's talk about ... !

★ "whatchamacallit" や "thingumajig"（言葉を思い出せないときに、大人も子どもも使う「何とかという人／物」という表現）を使ってみましょう。

★ "It's like ... " を使って大体の様子を説明してみましょう。

★ "Anyway ... " を使って話の一部を飛ばしてみましょう。

★ "Time out!" と言い、ママやパパと言葉を確認してみましょう。

Rule #8: In the ballpark

Checklist

該当する項目に ☑ してください！

子どもの「理解の途中」を評価しています。　☐

子どもの認識が柔軟になるようサポートしています。　☐

子どもなりの語り方を尊重しています。　☐

Rule #9: Take it to the limit. Then stop.

英訳には限界がある！

英語で意外と簡単に言えるものもある

　私の知り合いの中に長年茶道をしている人がいます。この方は有名な寺院で外国籍の人に英語で説明をしながらお茶をいれることがあります。英語で説明すると、どの言葉も平凡に聞こえることに不満を感じるそうです。たとえば、「茶筅」は "whisk"、「茶杓」は "scoop"、「袱紗」は "silk cloth" となり、茶道独特の言葉の特別な響きが消えてしまうそうです。

　彼女の気持ちは分かります。しかし多くの場合、このように「平凡な言葉で表現する」のは非常に便利です。こういった特別な言葉の対訳が辞書に載っていないからこそ、自信を持って簡単な単語を使えばいいのです。お正月を例にとってみると、「お年玉」は "New Year's money"、「御節」は "special New Year's food"、「お屠蘇」は "New Year's *sake*" です。簡単に言えるとありがたいですね。

本当は簡単に言えなくても簡単でいい！

　英語で簡単に言えない単語も当然あります。フランシスが学校での出来事について話していたとき、"The teacher came in and we did「起立」." と英語の会話に急に日本語の「起立」が混ざってしまいました。私は「起立を英語で言ったら？」と励ましましたが、西洋文化にはこの習慣自体あまりないためフランシスは戸惑ってしまい、エピソードを楽しく共有しようとしていたのが、結局面倒くさくなり諦めてしまいました。私もがっかりしましたし、フランシスの気持ちがよく分かりました。

　こういった単語を英語で言うのが難しいのではなく、正確に言うのが難しいのです。例えば「こたつ」は日本語だと1語ですが、きちんと英語でいうと "a low table with a heater under it and a quilt on top" のようになります。毎回そういうふうに話していたら大変ですよね！長くても頑張って英語で伝えなければと思い、この英訳を我が家で使ったのですが、そのときメアリーはちょっと混乱した顔をして、"You mean the winter table?" と私に聞き返してきました。"Yes! The winter table!" この言い方がずっと楽ですね。フランシスの「起立」に話を戻すと、"a student tells the class to stand up when a teacher walks in" より、単なる "the morning stand-up" でも良いわけです。ポイントは嫌になるほどの英語を避ける方法を見つけることです。

「要するに」を使う

　日本語でも子どもが知らない単語が会話にはよく出てきます。そのとき、国語辞典で定義を調べることは稀ではないでしょうか。多くの場合は「要するに」などを使用し、子どもに理解させると思います。どのくらい正確に理解しなければいけないのかは状況によりますが、だいたいの意味を掴めば済むことが多いです。

　英語も同様で、家庭ではおおざっぱなコミュニケーションで十分なことがほとんどです。「要するに」を "You know, ... " にして、"the ... thing" で済ませることが出来ます。たとえば、"the green thing"、"the round thing"、"the thing in the kitchen" と説明すれば会話の流れを止めずに楽しい英語タイムを続けることができます。

Rule #9: Take it to the limit. Then stop.

> **Lesson Learned**
>
> **英語でぴったりの言葉がなくても大丈夫です！**
>
> 日本の生活に関することを英語で表現するのが大変なこともありますが、もっとリラックスして、実際に伝えたい内容に焦点を当ててみましょう。

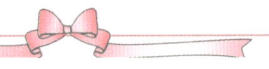

娘の一言

　私の幼なじみの友達の中に、母親がイギリス人で父親が日本人の男女の兄弟がいました。この兄弟が使うイギリス英語は、私が慣れているアメリカ英語と違うことがたまにありました。例えばイギリス英語では、おむつを表現するとき、diapers ではなく、nappies という単語を使います。イギリス英語に馴染みのなかった私は、nappies と言われても理解できなかったのですが、私の友達は "You know, the things babies wear." と説明してくれました。お子さんが英単語を知らないとき、こういう風におおざっぱな意味を代わりに使うのもひとつの手です。単語にこだわり過ぎず、易しい言葉で英会話を続けることに焦点を当ててみましょう。

Rule #9: Take it to the limit. Then stop.

What's the word?

日本の文化特有のものを正確に英語に翻訳しようとすると、とても長い説明になってしまいます。そうすると子どもも親も面倒だと感じて負担になります。簡単な英語のニックネームを付けるような感覚で言ってみると、負担を感じずに表現できますよ。独自の呼び方を見つけられるといいですが、例えば和菓子に以下のような英語の呼び名を付けてみてはいかがでしょうか。

あんみつ	bean and syrup jelly	だんご	stick dumplings
どらやき	bean pancakes	大福	bean rice cakes
かりんとう	brown sugar crunchies	鯛焼き	pancake fish
ところてん	noodle jelly	わらび餅	powdered jelly
金平糖	sugar candy	八つ橋	cinnamon triangles
お汁粉	bean soup	もなか	bean jam sandwiches

【例】
　Today's snack is bean pancakes!
　Dad brought us some cinnamon triangles from Kyoto.
　Look, they're selling pancake fish!

Ideas for action

日本の文化特有のものやことを説明するためのアイデア

★ いつ使う・行うかを考えて説明してみましょう。
　【例】　We use it when ...

★ 何の目的なのか説明してみましょう。
　【例】　It's for ...

★ 比較してみましょう。
　【例】　It's like ... but

★ 種類の話をしてみましょう。
　【例】　It's a kind of ...

★ 言葉の説明をしてみましょう。
　【例】　棚田について
　　　"Tanada" means "shelf" and "da" or "ta" means rice field, so "tanada" are rice fields like shelves."
　☆　ジェスチャーを使うのもいいですね！

Rule #9: Take it to the limit. Then stop.

Checklist

該当する項目に ✔ してください！

すぐに辞書を使わずに、簡単なコミュニケーションをとっています。 ☐

子どもが日本の生活について英語で話そうとしているとき、言葉の正確性を重視しすぎるあまり子どもの意欲が失われることのないよう、気をつけています。 ☐

「要するに」("You know, ...") を使って難しい話も簡潔にしています。 ☐

Rule #10: Kitchen table and study desk are words apart.

台所のテーブルと勉強机は全くの別物！

単語の問題ではない

　海外留学をする機会が最近増えてきました。日本国内でも以前より英語の授業が充実しています。英語が本当に上手になるためには家庭内の会話を超えて、世界の出来事などについて話し合える環境が必要ですね。私の子どもたちも中学校までは日本で教育を受けていましたが、高校から英語圏の学校に進学することになりました。

　私は英語圏での教育では学問的な単語が障害になると思っていました。私たちの日常生活では「光合成」や「葉緑素」などについて英語で話したことがなかったからです。桁の大きい数字も英語では口にしたことがありませんでした。

　英語圏での高校の授業についていくには、専門用語にも苦労したようでしたが、単語は辞書で調べればすぐに理解できました。娘たちにとって厄介だったのは、むしろ句動詞でした。メアリーはゴルジ体について勉強していたとき、"lines run away from the nucleus" という教科書の説明が理解できませんでした。"nucleus" は日本語で「細胞核」だとすぐに分かりましたが、問題は "run away from" の部分でした。なぜなら、

ここでの "run away from" は、メアリーが知っていた「逃げる」という意味ではなく、「〜から広がっていく」だからです。歴史を勉強したときも "fall through" は「何かを通って落ちる」ではなく、「失敗に終わる」の意味であることに混乱していました。

一緒に考えれば十分

　私は子どもたちがどの部分で理解に苦しんでいるのかすぐには分かりませんでしたし、高校の生物学の内容などはすっかり忘れていました。高校から急に英語圏の学校に入れるのは無理があったのかもしれないと心配することもありました。しかし、こういった心配をしたところで目の前の課題の解決にはならないので、めげずに一緒に教科書を見てあげました。

　私が答えを導き出せたことはほとんどありませんでしたが、面白いことに私が試行錯誤を重ねるうちに、娘が急に「分かった！」と言うことが何度もありました。私の「手伝い」は無意味だったと思いません。きっと一緒に取り組んだことによって、子どもたちは諦めずに最後まで解決方法を探し求めることができたのでしょう。

今までの知識・常識を使うと推測できる

　アメリカから来日した父と母と一緒に、京都旅行に行ったときのことです。ある寺でトイレを探していたのですが、なかなか見つけられませんでした。すると母が看板を指さして、「これはどういう意味？」と私に質問しました。そこには、カタカナで「トイレ」と書いてありました。母は日本語が読めませんし、看板には赤色・女性、青色・男性のシンボルも使われていませんでした。外国人が一目見てトイレだと理解できる看板でなかったかもしれませんが、他の建物とちょっと離れたところに位置するという点で、トイレでないかと推測できたと思います。

　このような「もしかしたら……」は外国語ではあまり機能しないように感じます。外国語の世界に踏み込むと、今までの知識や常識を全て捨てて理解しようとしがちです。学問の世界は知識の積み重ねですから、知っている情報を生かせば推測できる場合も多いのです。子どもと探偵になれば、この続きの英語ライフも楽しく＆効果的に続けることができます！

Rule #10: Kitchen table and study desk

Lesson Learned

学問の英語の世界で遭遇する
新たなチャレンジにも楽しく取り組みましょう！

学問の英語の世界に飛び込むと遭遇する、新たなチャレンジにも楽しく取り組みましょう！

メアリーと私は今でも "run away"、"fall through" などの勘違いを思い出して笑います。当時は高校の授業についていくのに必死でしたが、好奇心を持って頑張ることで一歩一歩進むことが出来ました。皆さんも Study hard and have fun!

娘の一言

　私の実家の近くには、くねくねと曲がる道があり、この道のことを我が家では「ふにゃふにゃ道」と呼んでいます。アメリカの高校に通っていたとき、小学校の帰り道についてのエッセイを書いたことがありました。そこで「ふにゃふにゃ道」を curving and winding road と英語で説明した訳ですが、エッセイには "My family and I called this road the *funya-funya-michi*."（日本語で *funya-funya-michi* と呼んでいた）ことも含めました。日本に興味を持っている外国籍の人は多いので、日本について話すときは日本語での表現の仕方も含めることがあります。母は、教科書に載っているような「完璧」な英会話ではなく、実生活に基づいた英語も使ってくれました。

Rule #10: Kitchen table and study desk

What's the word?

句動詞は初めて聞くと意味がピンとこないこともありますが、一度分かると頭の中でイメージすることができ、次の機会にも思い出しやすくなります。簡単な動詞と前置詞の組み合わせだけで、これほど多くの役立つ表現があるのです！使えるようになると、どんどん利用する機会が増えていきます。

〜を分類する	break down 〜	〜を話題として挙げる	bring up 〜
〜をキャンセルする	call off 〜	〜に出会う	come across 〜
話をさえぎる	cut in	〜に仕返しする	get back at 〜
〜を乗り越える	get over 〜	(秘密を)漏らす	give away (a secret)
成長して〜から脱する	grow out of 〜	〜を尊敬する	look up to 〜
〜を切らす	run out of 〜	〜を延期する	put off 〜

【例】
　Don't cut in when Daddy is talking.
　It's a disappointment, I know, but you'll get over it.
　We ran out of milk so I went to the convenience store.

Ideas for action

難しい英語の勉強を楽しくするためのアイデア

★ 子どもが親にクイズする機会を与えてみましょう。

★ 単語を辞書で探す前に子どもと意味を推測し、どちらが本当の意味に近いか競ってみましょう。

★ "fall through" などの句動詞が出てきたとき、漫画のようにイラストと例文を書いてみましょう。

★ 単語をカテゴリーごとで覚え、そのカテゴリーの言葉の頭文字をつなげて文を作ってみましょう。
【例】 心臓の部分は、次のように覚えることができます。

Ayumi picked the peaches, leaving Michiko alone and leaving Rika inside the terrible palace, but returned soon.

1. aorta	大動脈	2. pulmonary artery	肺動脈
3. pulmonary vein	肺静脈	4. left atrium	左心房
5. mitral valve	僧帽弁	6. aortic valve	大動脈弁
7. left ventricle	左心室	8. right ventricle	右心室
9. inferior vena cava	下大静脈	10. tricuspid valve	三尖弁
11. pulmonary valve	肺動脈弁	12. right atrium	右心房
13. superior vena cava	上大静脈		

★ "difficult" や "hard" をわざと使わないで、その代わりに "easy" や "simple" と言ってみましょう。
【例】 "Oh, this reading section is just too easy!"

Checklist

該当する項目に ☑ してください！

単語だけではなく、句動詞にも気を配っています。　☐

子どもが英語で困っているときには、自信がなくても一緒に考えています。　☐

「もしかしたらこう……」を上手く使っています。　☐

昔話・イソップ物語

The Ant and the Grasshopper	144
The Tortoise and the Hare	145
The Fox and the Grapes	146
The North Wind and the Sun	148
The Lion and the Mouse	150
The Woodcutter and the Golden Axe	152
Peach Boy	154
The Bamboo Princess	156
Urashima Taro	158
The Monkey and the Crab	160
Little One Inch	162
The Old Man and the Flowers	164

The Ant and the Grasshopper

One beautiful summer day, a grasshopper was in a tree. He was enjoying the sunshine and singing happily. In a field below, ants worked busily. They gathered food for the winter. The grasshopper called out to an ant. "Hey, ant! Why do you work so hard? The sun is bright and the flowers are in bloom. Now is the time to relax, not work." But the ant said nothing. The grasshopper called out again. "Come on! Let's sing together!" To this, the ant simply said, "Leave me alone." The grasshopper gave up and began to sing again.

Hot summer turned to cool autumn. Cool autumn turned to cold, cold winter. The grasshopper was hungry. "Ant, please help me. I am dying of hunger," he said. The ant said. "What did you do in the summer?" The grasshopper answered, "In the warm and beautiful days of summer I sang." The ant said, "Now it is the cold days of winter. Why don't you dance?" And the ant walked away.

Moral: In happy times, never forget the hard days ahead.

The Tortoise and the Hare

One day, a tortoise was walking slowly. A hare laughed at him. He said, "You are so slow. It hurts to watch." But the tortoise said, "You are always jumpy and your legs are fast. But in an important situation, I am the truly fast one." "Oh really?" said the hare. "OK, then. Let's have a race." The tortoise agreed. A fox was the judge. The race was until the top of the mountain. The tortoise and hare lined up. Then the fox shouted, "Ready, set, go!"

The hare ran off quickly. As usual, the tortoise walked slowly. Soon the hare was far ahead. He stopped and looked back. He could not see the tortoise. He said to himself, "The tortoise cannot possibly win. I will rest until he gets here." The hare lay down and fell asleep. Far behind, the tortoise walked on, one step at a time. Finally he reached the hare. He passed him and walked on. A little later, the hare woke up and ran once more. He reached the top of the mountain but the tortoise was already there. The fox said, "The tortoise is the winner." The hare could only nod sadly in agreement.

Moral: Effort is more important than talent.

The Fox and the Grapes

One day, a hungry fox was walking in a forest. The autumn sun was strong. "Oh, I'm so hungry. And thirsty, too. I want some nuts ... or anything ... ." The fox spoke to himself and looked around. There was a spring near the edge of the forest. The fox went there to get some water. He was dizzy with hunger. Then he smelled something. "Oh! What is this delicious smell?" The fox saw a tree with a vine of grapes twined around it. There were many grapes on the vine and they looked like jewels.

"That's it!" The fox hurried over to the tree. But the tree was tall, and the fox couldn't reach the grapes. The fox jumped and jumped but he still couldn't reach the grapes. The fox brought over a big rock. He stood on the rock and tried again. But he had no luck again. "Darn it!" Then the rock slipped and the fox fell backward onto the ground. Ouch!" The fox look at the grapes. He wanted them so much. Then he said, "These grapes are probably sour. Sour grapes just cause stomach aches. It's good that I can't have them.

But really, the grapes looked delicious.

Moral: People say bad things about what they can't have.

The North Wind and the Sun

One day, the North Wind said to the Sun, "You sit in the sky. I fly everywhere. You have little power. I have great power." The Sun answered, "I have little power? I grow trees and grass. I gently melt the rivers and lakes after you freeze them." "No," said the North Wind, "You dry up the water in the desert and the trees and grass."

A man was walking below them. He was wearing a cloak. The North Wind said, "Can you remove that man's cloak or can I? Let's test our power."

First, the North Wind tried. He blew very hard. The man held his cloak tightly to him. The North Wind blew again, with more power. The man put on another cloak. The North Wind blew and blew, but the man kept his cloaks. "It's your turn," he said to the Sun in disappointment.

The Sun shone gently. The man let go of the cloaks. Gradually the Sun shone with more power. The man removed his outer cloak.

The Sun shone and shone. The man removed the other cloak. Then he took off all his clothes and jumped into a nearby river! The North Wind said, "You were right. You have truly great power."

Moral: Real power is gentle, not harsh.

The Lion and the Mouse

One day, a lion was taking a nap. A mouse climbed up on his body and ran this way and that. Suddenly, the lion grabbed the mouse. "You disturbed my nap!" The mouse was very scared, and said, "Please don't kill me!" The lion answered, "Why shouldn't I kill you?" The mouse said, "Please! One day I will help you." The lion laughed and said, "What could a little mouse do for a great lion?" The mouse did not give up. "I am small, but surely I can help you someday," he said. The lion thought about it and finally said, "All right, all right. Off you go!" He let go of the mouse.

The lion continued with his nap. But when he woke up, he was tied to a tree with thick rope. Hunters had caught him! The lion tried to get free, but the rope only cut into him more deeply. He cried in pain. Just then, the mouse appeared. "I can help you," he said. With his sharp teeth, the mouse cut through the rope. Soon, the lion was free once again. "Thank you! Thank you!" the lion said. The mouse replied, "You see? I am small but I can do great things." "You were right," said the lion, "and I thank you deeply."

Moral: Even the great may need the help of those who are small.

The Woodcutter and the Golden Axe

One day, a woodcutter was working in the mountains. Suddenly, his axe fell into a river below.

"Oh no," he said. Just then, a god appeared in the river. "What's wrong?" he asked. The woodcutter explained. The god disappeared into the river and returned with a golden axe. "Is this your axe?" he asked. "No," said the honest woodcutter. The god disappeared once more and returned with a silver axe. "Is this your axe?" he asked. "No," said the woodcutter again. The god disappeared yet again. He returned with the woodcutter's old axe. "Is this your axe?" he asked. "Yes, that's it!" said the woodcutter. The god said, "For your honesty I will give you the golden and silver axes as well."

Another woodcutter heard about the axes. At once he went to the river, threw his axe in, and cried loudly. The god appeared this time, too. "What's wrong?" he asked. The greedy woodcutter said, "I dropped my axe in the river." The god disappeared and returned with a golden axe. "Is this your axe?" he asked. The greedy woodcutter said, "Yes, that's it!" At this moment, the god disappeared into the river and did not appear again. The greedy woodcutter lost both the golden axe and his own.

Moral: Dishonesty will never bring about the same rewards as honesty.

Peach Boy

Once upon a time there lived an old man and woman. One day, the old man went to the mountains to collect wood. The old woman went to the river to wash clothes. What a surprise! The old woman saw a big peach in the river. She brought it home with her. Then there was another surprise! Inside the peach there was a little boy. The old man and woman called the boy Peach Boy.

Peach Boy grew up and became strong and brave. At that time, there were scary ogres on Ogre Island. Peach Boy decided to fight the ogres. The old man and woman were worried, but they made him millet dumplings for his journey and wished him good luck.

Peach Boy set off for Ogre Island. Soon he met a monkey. "Where are you going?" the monkey asked. "I'm going to Ogre Island to fight the ogres," Peach Boy answered. "What is in your bag?" the monkey asked. "Millet dumplings," Peach Boy answered. "If you give me one, I'll go with you," the money said. "It's a deal!" said Peach Boy.

Peach Boy and the monkey set off for Ogre Island. Soon they met a bird. "Where are you going?" the bird asked. "I'm going to Ogre Island to fight the ogres," Peach Boy answered. "What is in your bag?" the bird asked. "Millet dumplings," Peach Boy answered. "If you give me one, I'll go with you," the bird said. "It's a deal!" said Peach Boy.

Peach Boy, the monkey, and the bird set off for Ogre Island. Soon they met a dog. "Where are you going?" the dog asked. "I'm going to Ogre Island to fight the ogres," Peach Boy answered. "What is in your bag?" the dog asked. "Millet dumplings," Peach Boy answered. "If you give me one, I'll go with you," the dog said. "It's a deal!" said Peach Boy.

Peach Boy, the monkey, bird, and dog reached Ogre Island. Then, the battle began! Peach Boy and his animal companions fought hard and long. At last, the ogres cried out, "Stop! Stop! We surrender!"

Peach Boy returned home with all of the ogres' treasure, and he, the old man and woman, and all of the village lived happily ever after.

The Bamboo Princess

Once upon a time there lived a woodcutter. One day, he was cutting bamboo in the woods. Then he saw something strange. One bamboo tree was glowing! He went to the bamboo and looked at it carefully. "What's this?" he asked himself. A baby girl was inside the bamboo. The woodcutter took the baby home, and he and his wife took care of her. They called her Princess Kaguya.

From that day on, whenever the woodcutter went to cut bamboo, gold coins fell out of the bamboo. The woodcutter and his wife became rich. Princess Kaguya grew, and soon she was a beautiful young woman. Many men wanted to marry her, but Princess Kaguya said no to them all. Five men, however, would not give up. "Marry me! Oh, please be my wife!" each one said.

Princess Kaguya did not want to marry them, so she decided on a plan. To each of the five men she said, "I will marry you if you give me the gift I ask for." "Of course!" said each man happily. But the gifts that Princess Kaguya asked for were impossible to get. Each of the five men finally gave up. Even the Emperor learned of her beauty and wanted to marry her. "I am not from this country so I cannot marry you," Princess Kaguya told him. At last, the Emperor, too, gave up.

Some more time passed, and Princess Kaguya seemed sad every day. Her parents worried about her. "What is wrong, dear daughter?" they asked. Then Princess Kaguya told them. "I come from the moon, and it is now time to return there." Her parents were very sad, and wanted Princess Kaguya to stay. The Emperor, too, wanted her to stay. He told his army to stop Princess Kaguya's flight to the moon.

But it was impossible. Wearing a beautiful feather robe, Princess Kaguya called out to her parents and the Emperor, "Goodbye! Goodbye!" and rose to the moon. The lovely bamboo princess was never seen on earth again.

Urashima Taro

Once upon a time there lived a boy named Urashima Taro who was a fisherman. One day he saw three boys on the shore. They were hitting a turtle with sticks. "Stop! Stop!" Urashima Taro cried. He chased the boys away.

The next day, Taro was walking on the shore again. There, he saw the turtle once more. "Thank you," said the turtle. "You are a kind, brave boy. I want to take you to the Dragon Palace as a reward for your kindness and bravery."

Urashima Taro agreed, and he got on top of the turtle's back. Then they swam deep into the ocean. In a short time, they reached the Dragon Palace. A beautiful princess was waiting for them. "Come in," she said. Inside, there was a table with a gorgeous feast spread out on it.

There was delicious food, lovely music, and wonderful dancing! Urashima Taro enjoyed himself thoroughly. Before he knew it, three days had passed. "My goodness!" he said. "Thank you so much, but I must go home now." "Goodbye," said the princess. She handed him a beautiful box. "This is a present for you, but do not open it," she said.

Urashima Taro took the box and thanked her. Then he got on top of the turtle's back once more and they swam back to the shore. But ... something was strange. All the trees by the shore looked different. The mountains in the distance looked different, too. Where was his home? Urashima Taro saw an old man. "Excuse me, do you know where Urashima Taro lives?" he asked.

"Urashima Taro?" the old man repeated. "Long, long ago a boy by that name lived here," he said. "But that was 300 years ago." Three hundred years ago? Urashima Taro was confused and a little afraid. He remembered the princess's box. "I'll open it," he decided.

He opened the lid. Poof! Smoke came out of the box and spread out around Urashima Taro. Three hundred years were stored in the box. He was now an old man with white hair and a long white beard.

The Monkey and the Crab

Once upon a time, a monkey was walking along, holding a persimmon seed in his hand. He saw a crab with a rice ball. "Hello there, Mrs. Crab! I'll give you my persimmon seed if you give me your rice ball," the monkey said. But the crab said, "No, thank you. I'm happy with my rice ball."

The monkey was disappointed, but he did not give up. "If you eat the rice ball, it will be gone forever. But if you plant the persimmon seed, you will have a persimmon tree with persimmons every year," he said. The crab thought about. "All right," she said. "It's a deal."

The crab planted the seed, and watered it every day. Slowly but surely it grew into a wonderful persimmon tree with lovely red fruit. The monkey saw the persimmons and climbed the tree to get them. "Mr. Monkey, throw down a nice persimmon for me!" called the crab, who could not climb the tree. "All right!" said the monkey, but he threw a hard, unripe persimmon straight at the crab's head and laughed.

The crab was sick in bed for many days. Her children worried, and cried sadly. Hearing about the monkey's action, a bee, a chestnut, a needle, and a mortar became angry. "We need to teach this bad monkey a lesson!" they said.

They watched the monkey's house and waited for their chance. When the monkey left his house, they went inside. The chestnut hid in the fireplace. The baby crabs hid in the water tub. The bee hid in the miso bucket. The needle hid in the monkey's bed. The mortar hid above the doorway.

The monkey came home. It was cold so he went to the fireplace. The chestnut burst out, striking the monkey's bottom with a hot spark. "Ouch!" the monkey cried. He sat down in the water bucket. Then the crab babies pinched him. "Ouch, ouch!" cried the monkey. He grabbed the miso to spread on his sore bottom. Then the bee stung him. "Ouch! Ouch! Ouch!" The monkey ran to his bed, and the needle poked him. "Ouch! Ouch! Ouch! Ouch!" As the monkey ran out of his house, the mortar fell on top of him.

"Stop! Stop! I'm sorry! I won't be bad anymore!" the monkey cried. And from that day on, the monkey behaved kindly to all.

Little One Inch

Once upon a time, there lived an old man and woman. For a long time they had no children. "Please give us a baby," they prayed. "Even a little, tiny baby." And then, they had a baby! It was a very, very small boy. They named him Little One Inch.

Little One Inch became a kind and brave young man, but he was still tiny. One day, he decided to see the world. His parents were worried, but they gave him three presents for his journey: a needle to use as a sword, some straw for the sheath, and a rice bowl and chopsticks for a boat.

Little One Inch rode in his rice bowl on a river until he came to a big town. There, he was able to get a job at the house of an important lord. His job was to take care of the lord's daughter. Little One Inch was so small! Could he really protect her?

One day, Little One Inch and the princess were attacked by two ogres. One ogre swallowed Little One Inch! But Little One Inch used his needle to poke the ogre from inside. "Ouch!" cried the ogre. He coughed in pain, and

Little One Inch ran out. Next, Little One Inch attacked the other ogre with his needle. "Let's get out of here!" the ogres said to each other. They ran away.

One ogre dropped a magic hammer. With the magic hammer, Little One Inch could make a wish. What was his wish? To be bigger! Poof! Suddenly Little One Inch was tall. Little One Inch married the princess and they lived happily ever after.

The Old Man and the Flowers

Once upon a time there lived an old man and woman. One day, the old man was working in his field. Suddenly, a little white dog ran to him, "Arf Arf!" It was the neighbor's dog. The neighbor was unkind to the dog, so the old man and woman took care of him. They named him "Shiro". Shiro grew big and strong. He loved the old man and woman very much.

One day, Shiro barked at the old man, "Arf! Arf! Come this way! Come this way!" The old man did not understand, but he followed Shiro to a mountain spot. "Artf! Arf! Dig here! Dig here!" The old man dug into the ground. What a surprise! Under the dirt were many gold coins!

The unkind neighbor heard about the old man's lucky find. He grabbed Shiro and roughly pulled him up the mountain. "Which way? Show me!" he demanded. Shiro was scared. "A-a-arf..." he whimpered. The neighbor dug in the ground. What a surprise! Under the ground there was smelly garbage!

"Bad dog!" the neighbor shouted, and he killed Shiro. In great sadness, the kind old man and woman buried Shiro. In the same spot a wonderful tree grew. The old man and woman used its wood to make a mortar. When they used the mortar to pound rice, what a surprise! The rice turned into gold coins!

The unkind neighbor heard about the kind old man's good luck. He grabbed the mortar and took it to his own home, and he and his wife pounded rice in it. What a surprise! The rice turned into sand! In great anger, the neighbor chopped up the mortar and burned it.

Sadly, the kind old man gathered up the ashes. Then he sprinkled the ashes in the field. Everywhere he sprinkled the ashes, beautiful flowers bloomed. The king heard about the lucky ash, and called for the old man. The old man sprinkled ashes in the king's garden. Once more, beautiful flowers bloomed. "Wonderful!" the king said. He gave the old man treasure to thank him.

The unkind neighbor heard about this, too. "There are still some ashes! I will bring them to the king and get a treasure, too!" he thought. He arrived at the castle and began to sprinkle the ashes. But the ashes would not fall to the ground. Instead they flew into the air. The black ashes got into the eyes and nose of the king and all the other fine lords and ladies.

"What is this?" the king shouted in anger. The unkind man did not receive any treasure. Instead he was thrown into jail as punishment for the trouble he had made.

● 著者プロフィール

ケイト・エルウッド
早稲田大学商学部教授。米国東海岸で育ち 20 歳のときに来日。当初は 1 年の滞在予定であったが、日本に惹かれ 30 年以上在住。バイリンガリズムに関心を持ち、趣味は読書と料理、鎌倉の海岸沿いでのジョギング。

フランシス・ダニパサード
長女。東京生まれ鎌倉育ち。アメリカのアイデンティティーを追い求めて、15 歳のときに米国に留学。現在は、夫のアンドリューと世界有数の多文化都市・トロントに住み、トロント大学で社会学を学ぶ。趣味はボランティア活動と料理。

彦坂 メアリー
次女。16 歳まで鎌倉で育つ。それ以降、アイルランドに 2 年、カナダに 3 年、スイスに 1 年住み、大学卒業後に日本に帰国。2016 年秋からは米国カリフォルニア州のミドルベリー国際大学院モントレー校で通訳・翻訳を学ぶ。趣味は語学学習と読書。

著作権法上、無断複写・複製は禁じられています。

子どもが英語を好きになる魔法の 10 の法則

2016 年 5 月 10 日	1 刷

著　者 ―	ケイト・エルウッド	Kate Elwood
	フランシス・ダニパサード	Frances Dhanipersad
	彦坂 メアリー	Mary Hikosaka

発行者 ― 南雲 一範
発行所 ― 株式会社　南雲堂
　　　　〒162-0801　東京都新宿区山吹町 361
　　　　TEL　03-3268-2311（営業部）
　　　　TEL　03-3268-2387（編集部）
　　　　FAX　03-3269-2486（営業部）
　　　　振替　00160-0-4686

イラスト／長野 美穂　　　　　　　装丁／銀月堂
印刷所／木元省美堂　　　　　　　製本所／松村製本所

Printed in Japan　　乱丁・落丁本はお取り替えいたします。
ISBN 978-4-523-26540-5　　C0082　　　　[1-540]

　　　　E-mail　　nanundo@post.email.ne.jp
　　　　URL　　　http://www.nanun-do.co.jp